Made in Greece | Hellas Reihe

Deffner, Andreas: Made in Greece. Hamburg, Fehnland Verlag 2021

1. überarbeitete Neuauflage
ISBN: 978-3-96971-170-5

Dieses Buch ist auch als eBook erhältlich und kann über den Handel oder den Verlag bezogen werden.
ePub-eBook: ISBN 978-3-95771-249-3

Lektorat: Nina Rothe, Bianca Ungar
Seitengestaltung: Katharina Breu, Hamburg
Covergestaltung: Annelie Lamers, Hamburg
Coverbild: © Martin O Sigma
Fotos: © Andreas Deffner, wenn nicht anders angegeben

Bibliografische Information der Deutschen Nationalbibliothek: Die Deutsche Nationalbibliothek verzeichnet diese Publikation in der Deutschen Nationalbibliografie; detaillierte bibliografische Daten sind im Internet über https://dnb.d-nb.de abrufbar.

Der Fehnland Verlag ist ein Imprint der Bedey & Thoms Media GmbH, Hermannstal 119k, 22119 Hamburg.

© Fehnland Verlag, Hamburg 2021
Alle Rechte vorbehalten.
https://www.fehnland-verlag.de
Gedruckt in Deutschland

Andreas Deffner

Made in Greece

Abenteuer, Alltag und Krise in Griechenland

Für die ideenreichen griechischen »Erfinder«
und insbesondere
für die »verlorene Generation«.

Inhalt

Seite
- 9 PROLOG
- 12 TOLÓ – SEEZUNGE DER PELOPONNES
  Von Kaíkis und Plattfischen
- 18 MIT SCHNECKENTEMPO AUS DER KRISE
  Die Hausträger von Korinth
- 30 ZIEGE, SCHAF UND LAMM –
  VON DER GEBURT BIS IN DEN TOPF
  Ein Besuch beim Ziegenhirten auf der Peloponnes
- 42 ÄGÄISCHE MATRATZEN MADE IN THRAKIEN
  Seetang für den Weltmarkt
- 60 FILÓTIMOERNTE IN LYGOURIÓ
  Ein goldenes Manaki-Pflückjubiläum beim Weltkulturerbe
- 67 DROSSEL-LUNCH IN ATHEN
  Von Anafiótika zum Vogelfakeláki
- 77 ZIEGENJOGHURT BEIM BIERBARBESITZER
  Ein Ausflug ins Hirtenhaus
- 86 ADRIANAS ATHENER SILBERSCHMIEDE
  Ein Edelstein mit Goldhändchen
- 104 TAMARISKEN, TRÄUME, T-SHIRTS
  Über das neue Salz der Modesuppe
- 122 WIE BOJEN IM MEER
  Interview mit Stella Nikoletta Drossa
- 133 2-1-0, KLAPPE!
  Die Videohelden von Spyrowood-Hills
- 146 VON WILDEN KRÄUTERN UND SATYRN,
  VON SÜßEN NYMPHEN UND GEWÜRZEN
  Mythologisch hervorragende Wilddüfte
- 163 VON KONSTANTINOPEL NACH ATHEN –
  VON DER KRISE IN DEN AUFSCHWUNG?
  Interview mit Pétros Márkaris

175 MIT DEM DREIZACK AUF MEERJUNG-
FRAUENFANG
Das Geheimnis der Kamákia
205 AUS DEM ERSTE-HILFE-KOFFER VON
ALEXANDER DEM GROßEN
Auf den Aloe-Vera-Feldern von Epídauros
215 DANKSAGUNG
219 REZEPTREGISTER
220 ENDNOTEN

PROLOG

»MICHEL SIEHT AUS WIE MICKY MAUS!«
Vageliό Notis

Es ist 2018 und die Wirtschafts- und Finanzkrise in Griechenland ist noch längst nicht überstanden. Manche Dinge dauern lange in Hellas. So hat beispielsweise einmal irgendjemand herausgefunden, dass der Durchschnittskaffee, der in einem griechischen Kafeneίon – dem traditionellen Kaffeehaus – getrunken wird, erst nach 93 Minuten geleert ist.[1] Verglichen mit einem Espresso in Italien eine Ewigkeit. Andere Dinge gehen in Griechenland hingegen unglaublich schnell: Der Athener Flughafen – immerhin das größte Infrastrukturprojekt des modernen Griechenland – wurde in rund fünf Jahren fertiggestellt. Der Berliner Flughafen BER wird voraussichtlich dreimal so lange brauchen und mindestens ebenso viel teurer werden.

Griechenland ist seit der Antike ein Land der Philosophen, Denker und Ideengeber. Aristoteles soll beim ewiglangen Nachdenken über ein Naturphänomen ertrunken sein. Und immer, wenn ich an das Philosophieren denke, fällt mir die gute alte Vageliό ein. Die Mutter meines guten Freundes Perikles war zu Lebzeiten immer die gute Seele der familiengeführten Taverne »To Nέon« in Toló auf der Peloponnes. Jeden Sommer kam auch ein belgischer Gast hierher, um mehrere Wochen Urlaub am Meer und in bester Gesellschaft zu verbringen. Einige Jahre nachdem der Belgier Michelle aus Gesundheitsgründen nicht mehr zu den Sommergästen zählte, saß Vageliό an einem regnerischen Wintertag nachdenklich in ihrer Taverne am Fenster und starrte aufs Meer. Eine gefühlte Ewigkeit grübelte sie mit heruntergezogenen Augenbrauen über irgendetwas nach. Plötzlich, urplötzlich riss sie die Augen weit auf, ihr Körper bebte und sie starrte mich an. Ich hatte Angst, die alte Frau könnte von ihrem Stuhl kippen. Aufgeregt rief sie mir jetzt zu:

»Andreas, jetzt weiß ich es. All die Jahre habe ich darüber nachgedacht, an wen mich Michel erinnert. Jetzt ist es mir eingefallen!«

Ich war verblüfft, hatte nicht damit gerechnet, dass ihr nachdenkliches Grübeln ausgerechnet jetzt im Winter etwas mit dem kauzigen Belgier zu tun haben könnte.

»Und?«, fragte ich neugierig und sah Euphorie in Vageliós jetzt strahlenden Augen. »Sag schon, wem sieht er ähnlich?«

Ich wartete gespannt eine gefühlte Ewigkeit. Dann sprach sie mit fester, klarer Stimme:

»Michel sieht aus wie Micky Maus!«

Und jetzt kippte *ich* fast vom Stuhl – vor Lachen.

Es sind auch diese unerwarteten Kleinigkeiten, die die griechische »paréa« – die Gesellschaft – so unterhaltsam machen und die griechische Seele widerspiegeln. Hierbei entstehen wunderbare Ideen, manchmal einfach so, zufällig. Das zeichnet die Griechen aus, sie sind stark darin, und sie haben herausragende Produkte. Viele mit Herzblut kreiert und hergestellt. Andere von Mutter Natur wie in einen Paradiesgarten gepflanzt. Von all dem handelt dieses Buch. Von Jung und Alt, vom Abenteuer-Alltag in Griechenland, von der Krise, den Ängsten und Sorgen, aber auch von den guten Ideen und Chancen. Gerade die zahlreichen jungen Menschen, die durch die Krise vielfach als die »verlorene Generation« bezeichnet wurden, machen mit ihren fantastischen Ideen und ihrem Willen, sich dem Schicksal entgegen zu stellen, Mut. Einige von ihnen habe ich für dieses Buch besucht. Sie und die vielen anderen tüchtigen Menschen in Griechenland haben es verdient, dass es mit Hellas wieder aufwärts geht.

Lassen Sie sich inspirieren und verzaubern von wahren Geschichten aus dem griechischen Alltag.

Andreas Deffner, Januar 2019

1

TOLÓ – SEEZUNGE DER PELOPONNES
Von Kaíkis und Plattfischen

Die Seezunge, in Griechenland γλώσσα (glóssa) genannt, gilt als einer der edelsten Fische. Da sie ein Plattfisch ist, liegt sie die meiste Zeit am Boden. Am Meeresgrund wartet sie darauf, dass ihr ein leckerer Happen vor das Maul schwimmt. Die Fischer des kleinen Dorfes Toló auf der östlichen Peloponnes, in der Region Argólis gelegen, sind heilfroh, wenn ihnen ein solcher Fang ins Netz geht.

Die Fischerei ist seit vielen Jahrzehnten die Haupteinnahmequelle vieler Familien in dem kleinen Ort in der Nähe Náfplions, der ersten Hauptstadt des modernen Griechenlands. In Toló leben heute noch rund 1.500 Einwohner, an einer der schönsten Buchten Europas. Am Ende des Dorfes, gegenüber der zauberhaften, unbewohnten Insel Rómvi, wurde vor vielen Jahren ein kleiner Hafen errichtet, in dem tagsüber die vielen bunten Kaíkis, die typischen hölzernen Fischerboote, vertäut liegen. Nachts und in den frühen Morgenstunden starten die Fischer ihre tuckernden Schiffsdiesel und fahren hinaus zu den aussichtsreichen Fischgründen. Noch immer, so schätzt das Büro der örtlichen Küstenwache – denn eine exakte Statistik gibt es offenbar nicht – liegt die Anzahl der registrierten Fischer von Toló bei rund 100. Tendenz jedoch abnehmend. Früher wurde das Handwerk, ebenso wie das Kaíki, von Vater zu Sohn weitergegeben, doch mit dem Einzug des Tourismus im kleinen Fischerdorf, tauschten immer mehr junge Männer ihre Boote gegen

Souvenirläden, Tavernen oder Kafeneíons und kehrten dem Fischfang den Rücken.

Die Bucht von Toló galt lange als sehr fischreich. Und ebenso wie die unzähligen Doraden, Barsche und Brassen, tummelten sich bald auch die Touristen im sauberen, türkisblauen Wasser. In den 1990er Jahren bekam man im Sommer manchmal kein Bein auf den Boden der Dorfstraße, die dann abends einer kirmesähnlichen Flaniermeile glich. Rosenverkäufer gingen von Bar zu Bar, aus denen laute Musik auf die Straße dröhnte. Auf den Kreuzungen verkauften Zigeuner bunte, heliumgefüllte Luftballons für die Kinder und die jungen Männer des Dorfes saßen in den Straßencafés und lauerten wie die Seezungen auf frische Beute: junge, gestylte Engländerinnen, hübsche Ungarinnen oder auch einige Griechinnen aus der heutigen Hauptstadt, dem knapp 150 Kilometer entfernten Athen.

Der große Boom ist längst vorbei. Toló ist bei den jungen Partyurlaubern out. Zwar verbringen immer noch viele Sommergäste ihren Urlaub hier, doch an den Trubel der Vergangenheit erinnern sich nur noch die Älteren. Das Dorf findet allmählich zu seiner ursprünglichen Ruhe zurück. Fast scheint es, als ob die Tolóner den Tourismusrummel satt haben. Immer mehr junge Männer und Frauen sitzen nachmittags am Hafen, angeln und genießen die Ruhe sowie den Ausblick auf die Insel Rómvi. Der legendäre Käpt'n Stavros[2], der als Einhandsegler erst aus Amerika gekommen war und dann jeden Küstenstreifen Griechenlands besegelt hatte, behauptete stets, dass das wahre Paradies in Toló liege. Spätestens, wenn man im Sonnenuntergang mit Blick auf die Insel Rómvi den Duft des wilden Oregano gepaart mit dem der Pinien einatmet, weiß man, dass Stavros eine sehr exakte Beobachtungsgabe hatte.

Der Europäischen Union müsste die Entwicklung hin zu einem sanfteren Tourismus mit wenigen Fischern, die nachhaltig mit ihrer Beute umgehen, eigentlich gefallen. Doch der Umbau der griechischen Fischfangflotte scheint ihr nicht schnell genug voran zu schreiten. Mit finanzieller Hilfe versucht die EU die Anzahl der Fischer weiter zu reduzieren, und sie bietet demjenigen eine Abwrackprämie an, der sein Fischerboot verschrottet.

»Mir blutet das Herz«, sagte erst kürzlich ein älterer Tolóner zu mir, »wenn ich sehe, wie die Bulldozer dann am Hafen die handgefertigten Holzboote zerstören.« Auflage der EU. »Die Kaïkis kann bald niemand mehr bauen. Ein schwieriges Handwerk. Und wenn es keine Fischer mehr gibt, warum sollte es dann noch Bootsbauer geben?«

Doch was sollen die Fischer, die die hohen Stilllegungsgelder bekommen haben, künftig tun? Schon früher, als die Touristen noch in Scharen kamen, war es nicht leicht, mit einer neuen Geschäftsidee Fuß zu fassen. Fischtavernen gab es ebenso reichlich wie Souvláki-Grillbuden, und die Urigkeit der authentischen alteingesessenen Läden der ersten Stunde konnte man auch nicht erreichen. Jetzt in der Krise ist die Situation ungleich schwieriger. Fast jedes zweite Geschäft stand über Jahre leer, auch, wenn es sich langsam zum Besseren zu wenden scheint. Doch noch immer kämpfen das Dorf, die Hotels, Pensionen und die Tavernen ums Überleben und neue Arbeitsplätze außerhalb des Tourismus sind nicht in Sicht. Was macht also ein ehemaliger, dank EU-Unterstützung jetzt bootsloser Fischer? Er kauft sich von einem Bruchteil der Abwrackprämie ein neues, billiges Plastikboot, meldet es neu an und geht wieder seiner früheren Beschäftigung nach. Die Differenz, die ihm bleibt, gleicht dann auch die krisenbedingten finanziellen Einbußen aus.

Mit der Finanzkrise ist neben der Wirtschaft auch die Nachfrage nach edlen Fischen eingebrochen. Diejenigen, die sich einen Restaurantbesuch noch leisten können, greifen statt zur Dorade oder Seezunge lieber zu Sardellen oder Ährenfischchen. Die auch trotz Abwrackprämie nicht reichen Fischer sind hier die Leidtragenden.

Auch Perikles spürt die kulinarische Zurückhaltung der Griechen. Auf der Terrasse seiner Fischtaverne »To Néon«, die in bester Lage von Toló direkt am feinen Sandstrand zum Verweilen unter den Schatten spendenden Paradiesbäumen einlädt, ist es längst nicht mehr so überfüllt wie in den 90er Jahren des 20. Jahrhunderts. Seit 1950 existiert die authentischste Gaststätte des Ortes. Eine der ersten war sie, als Perikles' Eltern sie seinerzeit errichteten. Vater Aristides war auch Fischer und er tat das, was er am besten konnte. Täglich landete nur der fangfrische Fisch in den Pfannen und Töpfen seiner Frau Vageliό. Und gemeinsam beherbergten sie in den wenigen Gästezimmern oberhalb des Gastraums jahrzehntelang mit unverfälschtem Filótimo, dem herzlichen griechischen Lebensgefühl, in- und ausländische Feriengäste. Nicht minder engagiert, freundlich und immer gut gelaunt führt Perikles heute mit seiner Schwester Irini das Geschäft. Ein Abend auf der schönsten Terrasse Tolós ist weit mehr als ein köstliches Abendmahl. Die »Tavérna To Néon« ist immer auch ein Ort, an dem sich Freunde treffen, an dem man sich vom Alltag erholt und wo nicht selten auch philosophiert wird. Wahrscheinlich komme ich auch deshalb seit inzwischen 25 Jahren regelmäßig her. Ich erinnere mich an einen Besuch im April 2014, als ich gemeinsam mit Perikles über einer Platte herrlich duftender, frittierter Sardinen saß und wir über den Fischfang sinnierten. Seine Nichte Eleni brachte uns eine Karaffe mit kühlem Weißwein und einen Teller mit knackigem

Salat. »Stin ijá mas«, prosteten wir uns zu. Auf unsere Gesundheit!

»Weißt du, die Sache mit der Abwrackprämie für Fischerboote geht mir nicht aus dem Kopf«, grübelte Perikles laut vor sich hin. »Wäre es nicht viel besser, die schönen Kaíkis würden nicht zerstört, sondern in einer Art Freilichtmuseum ausgestellt?«

Ich griff zu einer weiteren Sardine. Ja, die echten, hölzernen Fischerboote der Tolóner werden allmählich so rar wie die Seezungen auf den Tellern der Tavernen. Eine Ausstellung oben auf dem Hügel, über den Dächern der Stadt, mit Blick auf die Bucht und die vorgelagerten Inseln wäre ein Traum. Ich musste wieder an unsere über zwanzig Jahre alte Idee denken: Eine Sesselliftverbindung aus dem Dorfzentrum den Berg hinauf, auf dessen Gipfel man sich in einem Ausflugslokal bei Frappé, Ouzo oder Bier die Zeit vertreiben könnte. Doch wer sollte in Krisenzeiten ein Museum oder gar eine Seilbahn finanzieren wollen? Zumal in einer Region, die für den Tourismus fälschlicherweise nicht mehr zu den Top-Destinationen zählt.

Als ich an diesem Abend in meinem Bett am Meer lag und dem seichten Wellenschlag lauschte, dachte ich: Wir brauchen ein EU-Förderprogramm für den Erhalt der authentischen, lebenswerten griechischen Alltagskultur!

Und als ich eingeschlafen war, sah ich im Traum ein Werbevideo. Eine sirenenartige Stimme säuselte dem Betrachter ins Ohr: »Besuchen Sie die »Tavérna To Néon« in Toló! Die Seezunge unter den Fischtavernen. Und denken Sie immer daran, was wir Griechen sagen: Ich brauche keine Psychotherapie, ich brauche Griechenland, das Meer und die Sonne!«

Perikles würde ganz sicher heftig zustimmend nicken.[3]

Gefüllte Kalamari »Fet'a-la Grecque«
Καλαμάρια γεμιστά

Gefüllte Kalamari sind in Griechenland keine Seltenheit. Meist mit Reis oder Hackfleisch gefüllt und in Tomatensoße gekocht, habe ich sie schon oft aus Opa Aristides Küche in der Tavérna »To Néon« in Toló gegessen. Die hier vorgestellte Variante habe ich mir eines Tages Zuhause in Deutschland ausgedacht und umgehend ausprobiert. Herausgekommen ist ein Geschmacksfeuerwerk, eine griechische Küchenparty, bei der der beinlose Kalmar leider nicht mehr mittanzen konnte. Irre lecker!

Zutaten:

2 große Kalamarituben (ohne Beine), 200 g zerbröckelter Feta, ½ sehr fein gehackte rote Zwiebel, 1 Stange fein gehackter Staudensellerie, einige Blätter frischer Koriander, ½ fein geschnittene rote Chili, Salz, Pfeffer, Oregano, Saft von 1 Zitrone, 5 EL Olivenöl

Zubereitung:

Die Kalamarituben waschen und von den Innereien befreien. Zwiebeln, Staudensellerie, Korianderblätter, Chili, Oregano und Feta in eine Schüssel geben und zu einer breiigen Masse verrühren. Die Kalamarituben damit füllen (schön fest reindrücken!), in eine Auflaufform geben, mit dem Zitronensaft übergießen und im auf 150°C vorgeheizten Backofen ca. 30 – 45 Minuten fertig garen. Gegebenenfalls zwischendurch einmal wenden.

Tipp:

Mit dem Teller gefüllten Kalamarituben an den Strand setzen, einen Ouzo dazu servieren und dieses Geschenk des Meeres in aller Seelenruhe genießen!

2

MIT SCHNECKENTEMPO AUS DER KRISE
Die Hausträger von Korinth

An einem sonnigen, trockenen Wintertag im Jahr 2014 mache ich mich von Toló aus auf den Weg nach Korinth. Die Krise hat Griechenland nach wie vor fest im Griff, und gerade im Winter ist es teilweise deprimierend, wenn keine ausländischen Gäste durchs Land reisen und die Einheimischen die Aussicht auf Besserung ihrer Lage aufgeben. Korinth ist besonders kontrastreich. Seit Ewigkeiten ist das archäologisch weltberühmte kleine Städtchen mit dem legendären Kanal am gleichnamigen Golf bei Touristen sehr beliebt. Die Urlauber kommen in den Sommermonaten nach wie vor zahlreich und neuerdings wird die Stadt auch für kulinarische Abenteurer interessant. Im Winter jedoch verirrt sich kaum ein Besucher hierher.

An der Ausfahrt »Archéa Kórinthos« verlasse ich die Autobahn.

»Unsere Firma liegt etwas außerhalb im Industriegebiet, nahe am Meer«, hatte mir María am Telefon erklärt. Nach einigem Suchen, zwischen verfallenen Gebäuden und an brachliegenden Feldern entlang, stehe ich schließlich vor dem Portal von »Fereikos Helix«. Langsam und fast lautlos öffnet sich das Schiebetor und Herr Vláchos kommt mir über das weitläufige Firmengelände herzlich lächelnd entgegen gelaufen. Nach einer freundlichen Begrüßung stellt er mir seine Töchter Panajota und María vor. Die zwei Schwestern hatten schon vor der Finanzkrise die Geschäftsidee, die vielen Griechen jetzt

Hoffnung gibt. Es war der innovative Unternehmergeist, der sie antrieb, und 2007 legten sie ihren gut durchdachten Businessplan vor. Sodann machten sie sich ehrgeizig an die Arbeit.

»Seit 2008 besteht nun die Firma ›Fereikos‹«, sagt María, sichtlich stolz auf das, was sie in der kurzen Zeit auf die Beine gestellt haben. Oder besser gesagt: auf den Schleim. Denn die geschäftstüchtigen jungen Frauen züchten Schnecken!

»Komm, wir gehen erstmal in mein Büro«, sagt María und führt mich in die erste Etage, wo sich die Verwaltungsbüros befinden. Auf dem Weg dorthin kommen wir an einer Verkaufsvitrine vorbei, auf der die Produkte der Firma ausgestellt sind: frische küchenfertige Schnecken im Netz, eingelegte Schnecken in Konserven ohne Haus, eingemachte Schnecken mit Haus in Tomatensoße im Glas und so weiter.

In Marías Büro hängen Schneckenbilder an der Wand, stehen echte Schneckenhäuser und solche aus Porzellan im Regal, und selbst die Türknäufe der Büromöbel sind bronzefarbene Schneckenimitationen. Alles dreht sich hier um die kleinen Kriechtiere.

María erklärt mir bei griechischem Kaffee das Prinzip von »Fereikos«: Im Franchise-System werden Lizenzen für ökologisch betriebene Schneckenfarmen vergeben. Die Geschwister Vláchou kümmern sich um alles Organisatorische. Von der Schulung der angehenden Farmer bis hin zur Qualitätsprüfung und der internationalen Vermarktung der Endprodukte. Dabei haben sich die beiden Frauen geschickt die Zuständigkeiten aufgeteilt. Jede verantwortet als Geschäftsführerin einen eigenen Bereich. Panajota, die Jüngere, ist zuständig für alle Fragen rund ums Franchise- und Lizenzvergabeverfahren und María, die Ältere, ist für die Vermarktung verantwortlich. Eine umfangreiche Produktlinie, basierend auf den Schnecken aus den »Fereikos«-Farmen, hat sie entwickelt. Die ältere Schwester, die viele Jahre im Ausland studiert und gelebt hat, ist prädestiniert für diesen Geschäftszweig. In der Schweiz entstand dann auch die Idee für das Geschäftsmodell. Die sympathische 32-Jährige lächelt und erzählt: »Ich saß gerade in einem französischem Restaurant in Zürich, als mich meine Schwester auf dem Handy anrief. Sie wollte wissen, was ich so mache, und als ich ihr sagte, dass ich gerade Schnecken – die Portion für umgerechnet 32€! – esse, mussten wir lachen. Bei uns zu Hause laufen sie frei herum! Und so dachten wir, vielleicht lässt sich ja damit Geld verdienen.«

So entstand mit viel Leidenschaft für die Tierchen, und mit reichlich Mut, eines der lebendigsten Beispiele eines aufstrebenden, jungen griechischen Unternehmens. Die Vláchou-Schwestern haben sich akribisch in sämtliche Details der Schneckenzucht eingearbeitet und stehen heute ihren Vertragszüchtern jederzeit mit Rat und Tat zur Seite. Im Jahr 2014 gibt es bereits 168 lizenzierte Farmen in ganz Griechenland und eine in der Nähe von Hannover. In ihnen werden die Schnecken für die unterschiedlichen Produkte der Firma gezüchtet.

»Derzeit bereiten wir eine völlig neue Produktlinie vor, die wir dann auch in Deutschland anbieten wollen«, sagt María. Bis dahin soll die Produktpalette optimiert und umbenannt werden. Die Konserven, Gläser und Netze mit Schnecken, die ich bereits bewundern durfte, tragen bislang das Firmenemblem und den für Nichtgriechen so schwierig auszusprechenden Markennamen »Fereikos Gefsis«. María sagt, wohl nicht ganz zu Unrecht: »Im Ausland kann doch niemand ›Fereikos Gefsis‹ aussprechen.« Dabei hat es einen so bedeutungsvollen Klang. »Fereikos« kommt vom altgriechischen Wort für

Schnecke: Φερέοικος – Fereikos, die, die ihr Haus mitbringt. Und »Gefsis« ist das griechische Wort γεύσης für Geschmack.

Schnecken zu essen, hat nicht nur in Griechenland eine lange Tradition. Vermutlich gehören die Tierchen bereits seit der Altsteinzeit zum menschlichen Speiseplan. Mit der Ausdehnung des Römischen Reichs fand die Weinbergschnecke immer mehr Verehrer auf den Tischen und in den Töpfen der Europäer. Es wurden berühmte Schneckenfarmen gegründet, so zum Beispiel im Schwabenland. Zwischen Ulm und Wien entstand in der Folge ein reger Handel, der bis ins 18. Jahrhundert prächtig gedieh. Noch bis in die Mitte des 19. Jahrhunderts galt die Schnecke, in Frankreich ebenso wie in Süddeutschland und in vielen anderen – insbesondere katholischen – Ländern, als vorzügliche Fastenspeise. Zunächst als Alltagsessen begehrt, das sich alle Menschen leisten konnten, wurden Schnecken allmählich zu einer Rarität, die fast nur noch in Delikatessenläden und Gourmetrestaurants zu finden war. Doch die Renaissance der Schnecke scheint eingeleitet. In Frankreich sollen bereits wieder rund 40.000 Tonnen Schnecken pro Jahr auf den Tellern der Feinschmecker landen.[4] Die Rückkehr des schleimigen Alltagsessens?

Immer mehr Rezepte finden sich inzwischen für die schmackhafte Zubereitung der Weinbergschnecken. Nach längerem Regen kann man die wildlebenden in vielen Gegenden, auch außerhalb Griechenlands, leicht und zahlreich einsammeln. Dann sollten sie noch eine Weile in sauberen Kräutern gehalten werden oder in Mehl kriechen dürfen, bis sie völlig rein sind. So lassen sie sich dann in der Küche köstlich und leicht weiter verarbeiten. Wem das zu viel Aufwand ist, der greift zu den Produkten von »Fereikos«. Diese sind bereits küchenfertig vorbereitet und traditionelle, aber auch moderne, Rezepte aktueller Starköche werden gleich mitgeliefert: Mit Reis und Schnecken gefüllte Weinblätter, Tagliatelle mit Schnecken, Kapern, Oliven und Tomaten oder frittierte Schnecken machen Appetit, sich gleich einmal selber als Schneckenkoch auszuprobieren.

»In unseren Farmen wird die bei Feinschmeckern ganz besonders beliebte Sorte Helix Aspersa Müller gezüchtet«, sagt María. Die so genannte »kleine Graue« ist eine mittelgroße Art, die nicht nur besonders schmackhaft, sondern auch noch außerordentlich gesund ist. Helix Aspersa Müller wiegt 12 bis 16 Gramm und ihr Haus hat eine durchschnittliche Größe von 28 bis 39 mm. Die leckeren Tierchen enthalten reichlich Proteine, weniger Fett als Fisch und sogar die Dermatologen haben die heilende Wirkung ihres Schleims für sich entdeckt. Hautcremes aus diesem werden, wenn man zahlreichen Berichten glauben darf, erfolgreich gegen Akne eingesetzt.

Die langsamen Kriechtiere werden, je länger man sich mit ihnen beschäftigt, immer interessanter. Gerade die vielen positiven Eigenschaften der Schnecken sind es, die die Vláchou-Schwestern nutzen, um ganz gezielt zum Beispiel auch Schulklassen als Besuchergruppen anzusprechen. Sie kommen gerne und zahlreich nach Korinth, um sich vor Ort ein Bild zu machen.

»Wir haben dafür extra eine kleine Minifarm im Hof eingerichtet«, erzählt María voller Leidenschaft.»Komm, ich zeig's dir!« Hinter der Kühl- und Lagerhalle der Firma zeigt mir María das etwa 25 x 25 Meter große Areal. Unter den gleichen Bedingungen wie in den echten Produktionsstätten, aber deutlich kleiner, werden hier Helix Aspersa Müller gezüchtet. Und hierhin führen sie auch die Schulkinder, um ihnen einen Überblick über die Aufzucht dieser uralten Traditionstierchen zu geben. Der

Andrang ist riesig. Wöchentlich sind Schulklassen zu Besuch, oftmals mehrere pro Woche. Auf schmalen Wegen können die Kinder an den mit saftigem Gemüse bepflanzten Zuchtflächen entlanglaufen und die Schnecken beobachten. Damit diese nicht entwischen, sind feine Netze an den Maschendrahtzäunen gespannt, und eine regelmäßige Wasserberieselung sorgt dafür, dass sich die Zuchttiere pudelwohl fühlen.

»Nach einem Jahr sind die Schnecken geschlechtsreif. Jedes Tier legt etwa 120 Eier.« María hält mir ein zierliches Babyschneckchen vor die Nase. »Schnecken sind Zwitter«, sagt sie und ergänzt: »Sie bekommen alle Babys!« Sie vermehren sich schnell und nach einem Jahr sind sie geschlechtsreif. Bis zu zwanzig Jahre alt kann eine Zuchtschnecke werden. Leicht verdientes Geld kann María den angehenden Züchtern dennoch nicht versprechen. Es gibt reichlich zu tun, und die Farmer sollten sich schon mit voller Hingabe dem Job widmen und sich in der Landwirtschaft wohlfühlen. Damit die potentiellen Schneckenzüchter nicht unvorbereitet an ihre neuen Aufgaben gehen, bietet »Fereikos« entsprechende Vorbereitungsseminare für Interessierte an.

Als ich mit María wieder in ihr Büro schlendere, deutet sie auf ihre Schwester, die hinter einer Glastür im Konferenzraum mit einer kleinen Gruppe angehender Schneckenfarmer diskutiert. Die überwiegend jungen Neubauern schauen gebannt zu Panajota, die ihnen anschaulich an einem großen Modell einer Schneckenzucht, das vor ihnen auf dem Tisch aufgebaut ist, den komplexen Ablauf bis ins Detail erläutert. Ich sehe in hoffnungsfrohe, glückliche und Erfolg witternde Gesichter. Angesichts der schweren Finanzkrise scheinen die Schnecken einen Silberstreif der Hoffnung an den Himmel zu projizieren. Und die Vláchou-Schwestern haben vorgemacht, wie perfekt umgesetzte, innovative Ideen zum Erfolg führen können.

Beim Abschied von María hatte ich mir einen Beutel mit frischen Schnecken mitgeben lassen. Als ich diese wenig später meiner guten Freundin Eléni in Toló präsentiere, ist sie begeistert von den Prachtexemplaren aus Korinth. Eléni nimmt mich umgehend mit in ihre Küche und wirft den Herd an. Sie kocht uns, ohne lange zu fragen, ein duftendes Schnecken-Stifádo, mit reichlich Lorbeerblättern, Knoblauch und Zwiebeln und einer duftenden Tomatensoße. Als unsere Teller mit den hübschen Häuschen der Helix Aspersa Müller bedeckt sind, wünschen wir uns einen guten Appetit und greifen zu. Ein außergewöhnliches Geschmackserlebnis, das mich schwer beeindruckt. Es würde mich nicht wundern, wenn dieses Gericht eines Tages wie selbstverständlich auch auf jeder Wirtshauskarte im Schwabenländle zwischen Schnitzel und Spätzle zu finden wäre. Beim Essen zeige ich Eléni einen Flyer, den mir María mitgegeben hatte. Darin sind auch zwei Schneckenrezepte enthalten: »Antoinettes Traum« und »Loukoumadakia der Erde«. Elénis Augen beginnen zu funkeln. »Das probieren wir beim nächsten Mal aus. Das klingt ja traumhaft!«, sagt sie und schiebt sich eine weitere Schnecke in den Mund. Gemeinsam essen wir gegen die Krise.

Im alten Christentum galt die Weinbergschnecke übrigens als Symbol für die Auferstehung. Aus der Krise zur Renaissance der Schneckenkost. Auf den Internetseiten von »Fereikos« findet sich frei übersetzt unter dem Stichwort »Visionen« Folgendes: »In einer Welt des kontinuierlichen Wandels wollen wir vorangehen und dabei (wie die Schnecke) unser Haus vorwärts tragen.«

Meine Schneckenerfahrungen in Korinth und anschließend in der Küche von Eléni haben mich neugierig gemacht. Ein Jahr nach meinem Besuch in Marías Schneckenfarm erscheint ein außerordentlich interessantes Buch: »Schnecken« heißt es lapidar, und es hatte auf einer kleinen Buchmesse in Berlin sofort meine Aufmerksamkeit erregt. Sofort mache ich mich an die Lektüre und erfahre, dass sich bereits Aristoteles mit dem Leben der Gastropoden, wie die Schnecken mit wissenschaftlichen Namen heißen, beschäftigt hat. Er war überzeugt davon, dass die Schnecken »in einem Akt der Urzeugung aus ›Schlamm und verwesendem Material‹ entstehen«.[5] Vermutlich ist es auch diese Eigenschaft, die viele Menschen davon abhält, Schnecken zu essen. Schließlich sind sie doch so völlig anders, als die üblichen Lebensmittel. Die Schleimkriecher sind eben keine Zweibeiner, schon gar keine Vierbeiner und vegetarisch oder vegan sind sie erst recht nicht. Die Malakologen, wie die wissenschaftliche Bezeichnung der Schneckenforscher ist, sind besonders fasziniert von der einzigartigen Fortbewegungsart dieser Tierchen. Sie sprechen von Schlurfen, vom Schneckengalopp oder gar davon, dass es auch springende Schnecken gibt. »Die unterseeisch lebende Flügelschnecke etwa bohrt, wenn sie es eilig hat, ihren Hinterfuß in den Meeresgrund und katapultiert sich dann mit einer abrupten Bewegung vorwärts«, heißt es dort unter anderem.[6]

Wahrlich faszinierend die Kriecher und obwohl sie vielleicht nicht immer so langsam sind, wie wir annehmen, sind sie doch eine leichte Beute. Das wird wohl auch einer der Gründe sein, warum sie trotz des ihnen anhaftenden Ekelfaktors seit Jahrtausenden von Menschen gegessen werden. »Vermutlich sind Schnecken die einzigen Speisetiere, die nicht ›gejagt‹ oder ›gefangen‹ werden«, schreibt der Schneckenexperte Florian Werner in seinem Buch, und: »Züchter sprechen, wenn es ihren Tieren an den Kragen geht, bezeichnenderweise von der ›Ernte‹.« Die

Schleimkriecher lassen sich nicht nur einfach einsammeln und ohne große Probleme züchten, sondern sie sind darüber hinaus auch noch »exzellente Futterverwerter: Was die Umwandlung von Grünzeug in Fleischmasse angeht, sind sie zweimal so effizient wie ein Rind, dreimal so effizient wie ein Schaf und zehnmal so effizient wie ein Hummer.«[7] Bei dieser Effizienz ist es kein Wunder, das sich die Schneckenzucht einer wachsenden Beliebtheit erfreut. María hat mit ihrer Firma »Fereikos« inzwischen (2018) über 200 Farmen in Griechenland etabliert. In Werners Buch kommt ein französischer Farmer zu Wort, der, gefragt danach, was einen erfolgreichen Schneckenzüchter ausmache, antwortete, dass man »vor allem geduldig sein« müsse.[8] Als ich das lese, fällt mir wieder Giórgos ein. Der Familienvater hatte vor einigen Jahren in Nordgriechenland auch eine Schneckenfarm gegründet. Voller Euphorie hatte er mir damals erzählt, dass er jetzt einen Weg sehe, aus der Wirtschaftskrise doch noch ausbrechen und etwas Sinnvolles produzieren zu können. Kurz entschlossen rufe ich ihn an. »Giórgo, wie geht's dir? Wir haben uns Jahre nicht gehört. Was machen die Schnecken?«, frage ich den sympathischen jungen Mann.

»Ach, frag nicht … Wir haben vier Jahre gekämpft, haben viel Geld investiert, doch dann kam der Herbst. Zweimal wurde die gesamte Farm komplett überschwemmt, dann hatten wir einen eisigen Winter und schließlich kamen auch noch die Vögel. Eines Tages war der Himmel schwarzweiß. Ich sage dir, es waren hunderte oder wahrscheinlich tausende Elstern. Sie haben unsere gesamte Ernte einfach weggefressen. Dann habe ich entschieden, aufzugeben. Ich habe mir das wohl nicht genau genug überlegt. Die Lage in Nordgriechenland ist einfach nicht optimal für die Schneckenzucht. Schade, aber es war einen Versuch wert. Die Dinger sind einfach wirklich lecker.«

Ende 2017 entdecke ich zufällig Marías Schnecken im Glas in einem kleinen griechischen Laden in Berlin. Im »Vino Greco« in Charlottenburg gibt es feinste Köstlichkeiten von der Peloponnes zu kaufen und man kann sich auch in der hauseigenen Küche frische Speisen zubereiten lassen. Der sympathische junge Koch verrät mir spontan seinen Lieblingsschneckensnack: »Einfach die marinierten Schnecken in der Pfanne mit Olivenöl und Knoblauch anbraten und mit Ouzo ablöschen. Ein Gedicht!«

Antoinettes Traum
Το όνειρο της Αντουανέτας

Zu Hause stehe ich vor der schwierigen Entscheidung, die Ouzo-Variante des Berliner Schneckenkochs zu testen oder auf eines der Rezepte zurück zu greifen, die mir María mitgegeben hatte. Ich entscheide mich schließlich für »Antoinettes Traum«, weil mir der Name des Rezepts so gut gefällt. Zusätzlich gebe ich noch einige Lorbeerblätter aus Griechenland und etwas frischen Estragon aus dem heimischen Garten dazu. Er scheint den Schnecken zu gefallen, denn zumindest in unserem Kräuterbeet tummeln sich unzählige Gastropoden zwischen den Estragonstengeln. Außerdem passt der – auch Kaisersalat genannte – Estragon gut zu einer Weißweinsoße und französischen Gerichten. In der Pfanne brutzelt kurz darauf ein leckeres Meze. Glutenfrei und krisenbewältigend!

Zutaten:
   400 g Schneckenfilets, 2 Knoblauchzehen, 1 EL Butter, 1 EL Olivenöl, 25 g getrocknete Steinpilze, Salz und frisch gemahlener schwarzer Pfeffer, 1 Tasse Sahne, etwas Weißwein, einige Blätter frischen Estragon, 3-4 Lorbeerblätter, 4 Scheiben Weißbrot
   Für die Gremolata: 1 EL fein gehackte Petersilie, 1 EL Zitronenabrieb

Zubereitung:
   Für die Gremolata Petersilie und Zitronenzesten zusammenmischen und im Kühlschrank aufbewahren. Im Mixer die Steinpilze zu Staub zermahlen, in eine Schüssel geben und einen Löffel warmes Wasser hinzufügen, damit aus dem Pilzmehl eine Paste wird. In einer Pfanne Butter und Olivenöl erhitzen und die abgetropften Schneckenfilets zusammen mit dem Knoblauch, den

Lorbeerblättern und dem Estragon anbraten. Mit Weißwein ablöschen, drei bis vier Minuten köcheln lassen und dann die Sahne hinzufügen. Ausreichend salzen und pfeffern und auf kleiner Flamme weiterköcheln. Weißbrotscheiben toasten oder grillen und auf Tellern anrichten. Darauf die Schnecken setzen und mit ein Klecks Gremolata garnieren. Fertig ist »Antoinettes Traum«!

3

ZIEGE, SCHAF UND LAMM –
VON DER GEBURT BIS IN DEN TOPF
Ein Besuch beim Ziegenhirten auf der Peloponnes

Límnes. So heißt das kleine Bergdorf auf der Peloponnes in der Region Argólis, wo Winzer Sofokles Papaioánnou zu Hause ist. Für mein Buch »Das Kaffeeorakel von Hellas« hatte ich Sofokles auf seinem Weingut in der Nähe von Neméa besucht, doch sein Heimatdorf war mir unbekannt.

Jetzt, im Februar 2013, erscheint mir ein Besuch abseits des Weinguts auf den schroffen Gebirgszügen der Argólis angebracht. Während der Winterferien, die ich mit meinen beiden Söhnen in Toló verbringen möchte, wollen wir auch Winzer Sofokles in Límnes treffen. Von Deutschland aus hatten wir uns mit ihm verabredet, gemeinsam einen alten Schäfer zu besuchen. Sofokles kennt ihn seit Ewigkeiten, und sein hausgemachter Schafskäse sei traumhaft. Von diesem hatte nicht nur er, schon auch schon Freunde aus Athen mehrfach geschwärmt. Meine Söhne sind voller Vorfreude, wenngleich auch wohl eher der Tiere und nicht des Käses wegen.

Vom Flughafen kommend, machen wir uns mit dem Mietwagen direkt auf den Weg in die schroffe Gebirgslandschaft der Argólis. Abseits der Hauptverkehrsstraße wird es urig. Steinige Hochebenen mit winterlich üppiger, grüner Vegetation. Hier und da grasen kleine Schafsherden und die Sonne strahlt von einem tiefblauen Himmel. Die knapp 20 Grad im Schatten tun uns gut nach den langen, trüben deutschen Wintertagen.

Als ich Sofokles anrufe, geht er nicht ans Telefon. Erst als wir bereits kurz vor der Ortseinfahrt von Límnes auf der engen Serpentinenstraße sind, klingelt mein Handy. Der Winzer ist dran. Er hatte den Schäfer im Ort nicht angetroffen und war deshalb auf die Berge gegangen, um ihn zu suchen. Erfolglos. Aber Sofokles hatte bei seinem Spaziergang immerhin erfahren, dass der Ziegenhirte noch in seinem Winterlager sei. Und dort würden wir ihn stattdessen in den nächsten Tagen besuchen.

Wir verlassen also Límnes wieder, bevor wir richtig angekommen sind, denn Sofokles ist noch nicht zurück von seiner Wanderung über die Berge. Schnurstracks begeben wir uns daher zu unseren Freunden ins Fischerdorf Toló. Die Kinder sind zwar enttäuscht, den Ziegenhirten heute doch noch nicht zu treffen, aber beim Gedanken ans Meer glänzen ihre Augen.

Zwei Tage später soll es dann losgehen. Sofokles hatte inzwischen wieder mit dem Hirten Kontakt aufgenommen und ihm unseren Besuch angekündigt. Den Winter verbringt er mit seinen Tieren in den wärmeren Gefilden an der Küste. Erst wenn es richtig warm wird, zieht es ihn zurück nach Límnes, wo es auf 600 Höhenmetern im Sommer nicht zu heiß wird. Ins Winterlager will uns Sofokles also begleiten. Mit unserem Mietauto würden wir den Weg dorthin nicht finden. Man brauche einen Geländewagen, hatte der Winzer mir am Telefon gesagt und kurzerhand ergänzt: »Am besten hole ich euch mit meinem Transporter ab.«

Und so sammelt uns Sofokles mit dem weißen Lieferwagen in Toló ein. Die Kinder teilen sich zu zweit den schmalen Beifahrersitz, während er für mich einen Klappstuhl aus Plastik im Laderaum zwischen Fahrer- und Beifahrersitz und hinter der Handbremse aufstellt.

Auf der recht gut ausgebauten Straße nach Epídauros kommen wir zunächst zügig voran. Ich habe jedoch alle

Hände voll zu tun, die beiden schnell eingeschlafenen Kinder auf ihrem Sitz zu halten. Zwei Personen einen Anschnallgurt anzulegen, ist schwierig, besonders wenn es sich um schlafende Kinder handelt. Hinzu kommt, dass die Griechen es mit der Gurtpflicht nicht so genau nehmen und gelegentlich sogar die Nase rümpfen, wenn man sich anschnallen möchte. So entschieden wir uns vor der Abfahrt für die freiheitsliebende Variante ohne Gurt, was sich nun rächt. Auf der kurvenreichen Straße muss ich die Kinder händisch sichern, und das von meinem wackligen Plastikklappstuhl aus. Als wir von der Küstenstraße in eine derbe Schlaglochpiste abbiegen, wird es noch etwas komplizierter. Ich balanciere auf meinem wild hin- und her rutschenden Sitz reichlich angestrengt und die Kinder erwachen nun ebenso schnell, wie sie eingeschlafen waren. Ein irrer Spaß, unser Ritt mit dem Transporter über die Buckelpiste. Nach etwa zwei Kilometern parkt der tüchtige Lieferwagen schließlich auf einer Anhöhe mit faszinierendem Rundumblick. Mit offenen Mündern staunen wir über das tiefblaue Meer und die weiten grünen Landschaften. Die klare Winterluft scheint die Sättigung der Farben maximal zu verstärken. Der Hafen von Alt-Epídauros glänzt zu unseren Füßen und gegenüber ragen die bizarren Vulkangipfel der Halbinsel Méthana in den Himmel.

Irgendwo bimmelt ein Glöckchen, Hundegebell nähert sich und wir hören ein Rascheln, als hinter einem Baum Athanassios erscheint. Der 82-jährige Schäfer trägt einen riesigen Haufen Reisig auf seinem starken Rücken. Der sonnengetrocknete Batzen gleicht einem ganzen Gebüsch. Schafshoch und struppig. Als Athanassios uns erblickt, strahlen seine klaren, dunklen Augen und ein breites Lächeln macht sein freundliches Gesicht noch jugendlicher. Wie er so im saronischen Sonnenlicht steht, würde ich ihn höchstens auf 60 Jahre schätzen.

Als wir wenig später auf zwei uralten, rostigen Metallstühlen vor dem Winterlager des Hirten sitzen, erzählt Athanassios, während uns seine Schwiegertochter einen griechischen Mokka kocht:

Hier, auf diesem Berg, verbringe er seit jeher den Winter. Seine Schäferhütte und die Ziegenställe bestünden seit Ewigkeiten. Einfach gemauerte, unverputzte Stallungen mit Metalltüren, für Mensch und Tier. Ich hatte versehentlich das gesamte Gebäude für einen Schafsstall gehalten; der Schäfer belehrt mich jedoch eines Besseren. Der mittlere Teil beherberge sein Zuhause. Und Athanassios erzählt weiter, während meine Kinder ausgelassen und fröhlich auf dem Berg herumtollen, mit den Hunden und Katzen spielen und das Pferd streicheln, das unter einem Baum im Schatten angebunden ist. Schon vor dem 2. Weltkrieg habe Athanassios hier seine Tiere weiden lassen. Zu Kriegszeiten seien dann zuerst die Italiener gekommen. Sie hätten hin und wieder eine Ziege geklaut. Ärgerlich. Und später kamen dann auch noch die Deutschen dazu. Doch viel verändert habe sich seitdem eigentlich nicht. Das Auffallendste ist sicher das Solarpanel, das auf dem Wellblechdach des Schuppens zur Sonne hin ausgerichtet ist. Sofokles repariert die Kabelleitung, während ich mit dem Hirten Kaffee trinke.

»Ach, es ist herrlich hier!«, sage ich laut vor mich hin.

Sofokles schaut vom Dach herab zu mir und belehrt mich: »Herrlich? Es ist einfach nur harte Arbeit für Athanassios. Wenigstens hat er durch das Solarpanel Licht im Stall. Eine Glühbirne, damit sie nicht im Dunkeln melken müssen.«

Sofokles schraubt weiter. Athanassios steckt sich eine Zigarette an und bläst den Rauch in den wolkenlosen Himmel. Absolute Ruhe, nur das Lachen der Kinder und das Meckern der Ziegen sind zu hören. Und dann kommt mein Sohn angelaufen und fragt, wo er die Toilette finden könne. Auch ich habe keinen blassen Schimmer und frage daher die gerade neben mir stehende Schwiegertochter des Hirten. Sie blickt schmunzelnd zu meinem Sohn: »Toilette? Da, guck!«, sie breitet die Arme aus und blickt über das weite Tal: »Das ist unsere Toilette. Such dir ein Plätzchen, wo es dir gefällt!«

Der Junge guckt kurz überrascht, dann wendet er sich fröhlich ab, läuft hinter einen Baum und findet dort sein neues Lieblingsklo.

»Im Sommer ist es schön. Wenn es warm ist, die Sonne scheint. Aber im Winter kann es auch bitterkalt werden. Dann ist es eine Tortur.« Sofokles blickt mich ernst an, während sich Athanassios, noch immer gemütlich auf seinem Stuhl sitzend, eine weitere Zigarette anzündet. Der Hirte wirkt zufrieden. Die Sonne scheint ihm auf das braungebrannte Gesicht. Straffe, lebendige Haut. Seine festen Lippen ziehen ruhig an dem Stummel der filterlosen Zigarette einer griechischen Marke. Von Reichtum ist Athanassios weit entfernt, doch die Ausgeglichenheit, die ich in seinen Augen sehe, beeindruckt mich zutiefst. Sie kann mit keinem Reichtum der Welt aufgewogen werden.

Gegen 18 Uhr, die Sonne neigt sich gerade hinter die Berge der Peloponnes, erhebt sich der Hirte von seinem Stuhl. Er stellt sich auf einen großen Felsen am Abhang neben dem Pferdestall. Er atmet tief ein, und dann hören wir es. Meine Kinder kommen angelaufen, gucken fragend zu mir und zu Athanassios. Seine Lippen flattern, sein Kehlkopf wippt auf und ab. Ein völlig menschenunähnliches Geräusch aus dem Mund des Hirten lässt uns mit offenen Mündern staunen. Ein Surren, ein Pfeifen, ein Tschilpen, ein Brummen, ein Zwitschern, ein Meckern, ein Jodeln, ein Irgendwas. Niemals zuvor hatte ich ein solches Geräusch gehört. Den Ziegen des Schäfers ist es hingegen wohlbekannt. Auf der gegenüberliegenden Seite des Abhangs sehe ich, wie sich die ersten Tiere zwischen den Sträuchern hindurch ihren Weg suchen. Immer mehr. Sie laufen zielstrebig zu ihrem Hirten, in Richtung ihres Zuhauses. Aus allen Ecken und Winkeln kommen sie zusammen und formieren sich zu einer ordentlichen Herde, die schnurstracks und geordnet den Heimweg antritt.

»Woäääh, ääh, äääh!«, variiert Athanassios zwischendurch mit lauten Rufen sein Lippenspiel. Kraftvoll und melodisch erhebt sich seine Stimme über die Hänge, als hätte der Hirtengott Pan persönlich gerufen. Wie ein Presslufthammer in Zeitlupe wummern die Bässe über das Tal und treiben eine mächtige Schalwelle vor sich her. Ich frage Athanasios, ob seine Tiere tatsächlich alleine unterwegs seien. »Ja, ja«, antwortet er. »Sie kommen alleine nach Hause.« Sein Sohn Pános begleitet die Tiere tagsüber hin und wieder. Athanassios selbst meidet mittlerweile die kilometerlangen Wanderungen, die die Tiere täglich unternehmen und auf denen sie sich an duftenden Kräutern und frischen Blättern satt essen.

Eine Viertelstunde später rennen die Tiere auf den Hof. Dort, wo Sofokles seinen Transporter geparkt hat, wimmelt es nun vor Ziegen. Sie sammeln sich dicht gedrängt um mehrere Wassertränken. Ihr schmatzendes Trinken ist zu hören, und das Gebimmel der Glöckchen, die einige von ihnen um den Hals tragen. Wasser spritzt, von züngelnden Ziegenzungen zügig eingesogen. Authentischer Zickendurst. Während wir noch die Tiere beobachten, rumpelt ein grüner Pickup heran. Der staubige Wagen macht direkt neben uns halt und aus dem offenen Fahrer-Seitenfenster lehnt sich nun Pános, Athanassios' Sohn, heraus. Er begrüßt uns freundschaftlich, dann wendet er sich an meinen jüngeren Sohn:

»He Kleiner, ich hab dir was zum Spielen mitgebracht!« Der 4-Jährige blickt fragend zu mir und ich übersetze ihm. Erwartungsvoll schaut er sodann zu Pános, der jetzt nach irgendetwas im Fußraum zu suchen scheint. Kurz darauf reicht er bereits das gefundene »Spielzeug« an der ausgestreckten Hand durchs Fenster:

»Hier, nimm! Das kleine Zicklein ist erst vor einer Stunde geboren worden.« Welche Augen in diesem Moment größer sind – die meines Sohnes oder die des Zickleins –, kann ich nicht sagen. Nervös zappelt das Jungtier auf dem Arm des neugierig zupackenden kleinen Jungen. Der 4-Jährige strahlt, so als hätte ihm der Weihnachtsmann persönlich sein Lieblingsgeschenk überreicht. Zwischen seinen Armen hängt die noch blutverschmierte Nabelschnur des Tierchens herab.

Eine Weile darf der kleine Junge das zarte, gefleckte Zicklein mit dem weichen Fell streicheln, dann erklärt uns Athanassios, dass wir das Jungtier nun auf den Boden setzen sollen, damit sich seine Mutter um es kümmern könne. Umsichtig und sehr behutsam setzt der 4-Jährige das Neugeborene ab. Das Zicklein versucht mit zittrigen Beinchen aufzustehen, doch es gelingt noch nicht. Zu jung, zu schwach, doch das Muttertier nähert sich bereits zaghaft. Wir entfernen uns besser und gehen, weiter das Jungtier beobachtend, wieder in Richtung der Hirtenhütte zurück. Die Ziegenmutter bedankt sich, eilt ihrem Nachwuchs zur Hilfe und lässt es zur Beruhigung von der stärkenden Muttermilch trinken. Fast die gesamte Herde drängt sich kurz darauf neugierig um das Zicklein, während dieses noch gierig an den Zitzen der Mutter saugt. Ein wunderschönes Bild.

Vor den Toren des Ziegenstalls beginnen währenddessen die Vorbereitungen für das abendliche Melken. Athanassios bringt einen weiteren riesigen Reisighaufen und

Sofokles erklärt, dass neuerdings das Sammeln größerer Stämme zum Verfeuern verboten wurde. Die ohnehin harte Arbeit des Hirten wird jetzt also auch dadurch erschwert, dass er Unmengen von dünnem Geäst zusammentragen muss. Unter dem Dach des Pferdestalls qualmt es plötzlich. Dicker weißer Rauch quillt um die Ecken und umhüllt die an den Dachbalken zum Reifen aufgehängten kleinen Käselaibe in ihren Ziegen-Naturdärmen. Ein bizarrer Anblick. Ungewollter Räucherfeta. Aus einem rostigen Metallofen, der hüfthoch neben dem Stroh steht, ragt eine Rohrkonstruktion. Erst jetzt begreife ich, dass in diesem Boiler das Wasser erhitzt wird. Fließendes Wasser gibt es hier oben natürlich nicht und heißes Wasser erst recht nicht. Athanassios' Schwiegertochter trägt einen großen weißen Plastikbehälter heran, bringt dann noch zwei breitbauchige Melkeimer aus Metall, die an riesige Küchentöpfe erinnern. Der Holzofen hat inzwischen das Wasser zum Kochen gebracht, und die Melkeimer sowie die fassähnliche Milchkanne aus Plastik werden jetzt sorgfältig gereinigt. Dabei geht Athanassios' Schwiegertochter sehr umsichtig vor. Nach dem Melken wird die Milch aus dem Eimer in die Plastikkanne gefüllt und in dieser direkt zum Milchhof geliefert.

Die beiden Hirten bereiten sich bereits auf das Melken vor. Panos streift sich einen Arbeitsanzug über, Athanassios treibt die restlichen Ziegen in den Stall. Die Dämmerung bricht ein und die Solaranlage darf nun zeigen, ob sie genügend Energie gesammelt hat. In dem großen, düsteren Ziegenstall beginnt eine kleine Glühbirne, einsam zu leuchten. Deutlich unterdimensioniert für den großen Raum, dennoch starten die zwei Schäfer ihr alltägliches Melkritual professionell im Halbdunkel. In Windeseile greifen sie fast blind nach den Tieren, setzen sie sich einzeln auf den Schoß und per Hand dauert es gerade einmal eine halbe Minute, bis der Euter leer ist. Fröhlich-beglücktes Ziegengemeckere hallt durch den Stall. Diszipliniert aber unruhig versammeln sich die Tiere am Melkplatz unter der Glühbirne. Eines nach dem anderen kommt dran. Eine ganze Weile stehen wir im Stall und gucken den geschickten Händen der Männer zu. Die Kinder staunen, still stehend wie selten, mit offenen Mündern.

Als etwa die Hälfte der Ziegen gemolken ist, kehren wir dem Stall den Rücken zu, um zu sehen, was Sofokles und Pános' Frau machen. Es ist inzwischen stockfinster geworden. Hell leuchten die Sterne und ein schmaler Sichelmond. Sie sind die einzige Lichtquelle draußen am Berg. Als wir uns Athanassios' Wohnhütte nähern, wird es etwas heller. In einem halboffenen Raum, der als Küche dient, steht die Schwiegertochter und schnippelt etwas neben einer funzeligen Öllampe. Als ich um die Ecke blicke, grinst sie fröhlich, während ich kurz aufzucke. An einem großen Metallhaken hängt von der Decke eine tote, gehäutete Ziege herab. Die gute Frau schneidet mit einem scharfen Messer wie ein Döner-Verkäufer von oben nach unten Fleischstücke ab. Allerdings sind diese hier deutlich größere Brocken und die Schwiegertochter des Hirten wirft sie vor meinen Augen in einen brodelnden Topf, der auf dem Gasofen kocht. Es duftet nach Kräutern und Käse, nach Zitronen und frischem Fleisch. Da ich den Kindern den Anblick des toten Tieres ersparen will, lenke ich sie ab und schiebe sie in Athanassios' Wohnhütte. Sofokles hat dort gerade ein knackendes Feuer entfacht. Heimelig und unendlich einfach ist es in der Bude, die ich Stunden zuvor noch für einen Stall gehalten hatte. Mit dem offenen Feuer im Kamin wirkt es gleich gemütlich. Neben dem Fenster steht ein alter klappriger Metalltisch auf dem mehrere Flaschen Wein und eine große etikettlose Karaffe mit klarer Flüssigkeit aufgereiht stehen. Über den Gefäßen summt eine seltsame Glühbirne, die sich bei näherem Hinsehen als Gaslampe entpuppt. Sie hängt, über einen Schlauch mit einer großen Propangasflasche verbunden, von der Decke herab und schafft ein kerzenähnliches Licht.

»Abends wird es doch noch richtig frisch«, sagt Sofokles plötzlich zu mir und geht zum Tisch. »Ohne den Kamin würde Athanassios kräftig frieren.«

Das Feuer lodert nun ausreichend. »Hier!« Sofokles reicht mir ein Gläschen. »Wir trinken erstmal was von meinem Tsípouro. Ich hab ein paar Liter mitgebracht.« Er deutet auf den Tisch, greift zur Karaffe mit dem Klaren und gießt uns beiden ein. Ich hocke mich auf einen knarzenden Holzstuhl neben den offenen Kamin und lasse den selbstgebrannten Winzerschnaps die Kehle hinabgleiten. Was gibt es Schöneres als Tsípouro im Ziegenstall? Auch den Kindern gefällt es in der Schäferhütte. Sie haben es sich auf einer breiten mit Ziegenfellen ausgelegten Pritsche neben dem offenen Kamin gemütlich gemacht. In dem Bett des Schäfers schlummern sie kurze Zeit später wohlig ein. Erst zum Abendessen wecken wir sie wieder auf. Es gibt Salate, Ziegenkäse, Oliven und natürlich Ziegenfleisch, das in einer aromatischen Tomatensoße gekocht wurde. Auf dem wackeligen Tischchen entsteht so eine üppige Tafel. Unsere Runde ist in ausgelassener Stimmung. Leise flüstert mir plötzlich unser großer Sohn ins Ohr:

»Papa, ich kann das Fleisch nicht essen. Wir haben doch den ganzen Tag mit den Tieren gespielt.« Und der Kleine, der vor wenigen Stunden noch das blutige Jungtier auf seinen Armen trug, sagt zeitgleich laut und euphorisch in die Runde, während er bereits beherzt in den Topf greift:
»Ah, lecker. Ich liebe Knochenfleisch!«

Ioannis´ Pfingstsalat
Σαλάτα Πεντηκοστής

Es trug sich zu, dass Ioannis an Pfingsten groß feiern wollte. Es war sommerlich und so entschied ich mich, zu seiner Party einen frischen Pfingstsalat zu kreieren. Und der ging so:

Zutaten:

200 g rote Linsen, 200 g schwarze Linsen, 1 lange und schlanke Aubergine, 1 Knoblauchzehe, 1 Lorbeerblatt, 1 gewürfelte gelbe Paprika, 10 geviertelte Champignons, 1 kleine gewürfelte Kartoffel, 2 rote gewürfelte Zwiebeln, eine Handvoll Cashewkerne, 1 Handvoll frische Minze und frischen Koriander, einige Blätter Basilikum, Olivenöl zum braten, 200 g Feldsalat, 250 g geviertelte Kirschtomaten.

Für die Vinaigrette: ¼ feingeschnittene Fenchelknolle, 1 feingeschnittener Lauch, 3 Stängel Estragon, 200 ml Weißwein, 2 EL Orangenblütenwasser, Salz, Pfeffer, Mango-Balsamicoessig

Zubereitung:

Vinaigrette: Porree und Fenchel in einem Topf mit Estragon und Weißwein 5 Minuten kochen und abkühlen lassen. Salz, Pfeffer, Mango-Balsamicoessig und Orangenblütenwasser hinzufügen und mit dem Schneebesen zu einer Vinaigrette schlagen.

Rote und schwarze Linsen bissfest kochen und abtropfen lassen. Die Auberginen in dünne Scheiben schneiden, salzen, einige Minuten warten und dann das austretende Wasser mit Küchenpapier abtrocknen. Olivenöl erhitzen, Knoblauch und Lorbeerblatt kurz anbraten und herausnehmen. Anschließend in dem gewürzten Olivenöl die Auberginen von beiden Seiten braten und auf Küchenpapier abtropfen lassen. Im selben Öl Paprika, Champignons und Kartoffeln kurz anbraten und warm stellen.

In einer großen Schüssel Linsen, gebratenes Gemüse, rote Zwiebeln und die Vinaigrette vermengen und ziehen lassen. Kurz vor dem servieren Tomaten, frische Kräuter, Feldsalat und Cashewkerne hinzugeben und vorsichtig untermischen. Eventuell abschmecken.

4

ÄGÄISCHE MATRATZEN MADE IN THRAKIEN
Seetang für den Weltmarkt

Im März 2013 besuchte ich eine Diskussionsrunde einer der großen Stiftungen in Berlin zu den politischen, wirtschaftlichen und touristischen Entwicklungen in Griechenland. Es war gerade ITB in der deutschen Hauptstadt, und die weltgrößte Tourismusmesse zog die Menschen an wie eine Glühbirne die Mücken in einer warmen Sommernacht. Auch die Stiftungsveranstaltung stand dem in nichts nach. Eine illustre Runde hatte sich versammelt, um den Ausführungen auf dem Podium zu folgen. Der Vortragsraum platzte beinahe aus allen Nähten. Viele wollten den Ausführungen der anwesenden griechischen Minister und Wirtschaftsvertretern lauschen. Das Interesse war immens. Sogar das Chefredaktorenteam von »Radio Kreta«, das ich bereits einige Jahre kannte, war persönlich angereist. Alle wollten im schweren Krisenjahr helfen, den griechischen Tourismus wieder in Schwung zu bringen. Gute Ideen waren mehr denn je gefragt, und so wurde den Gästen der Veranstaltung schon vor dem Eingang der Stiftung vor Augen geführt, dass die Griechen immer für eine Überraschung und außergewöhnliche Ideen gut sind. »Radio Kreta« war mit dem Auto von Europas südlichster Insel angereist! Eine Werbetour für die griechische Gastfreundschaft, bei der die Reporter unzählige Stationen auf ihrem langen Weg eingebaut hatten. Um die Aufmerksamkeit noch weiter zu erhöhen, hatten sie sich einen ganz besonderen Clou einfallen lassen. Ihr Wagen war nicht nur mit freundlich griechischen Magnetstickern geschmückt, sondern vor allen Dingen eine echte Rarität: Ein NAMCO, die letzte griechische Automarke, produziert in Nordgriechenland. Der »Pony« aus dem Stall NAMCO ist eine Art halboffener Strandbuggy mit abnehmbarem Plastikverdeck und mutet ein wenig so an, wie ein VW Golf der ersten Baureihe. Ein Hingucker zwischen den modernen Hochhäusern der Berliner Innenstadt.

Im Gebäude der Stiftung wurden eifrig Stühle gerückt, damit möglichst alle Gäste einen Sitzplatz fanden. Währenddessen baute der Chefredakteur von »Radio Kreta« sein Mikrofon auf. Es galt, den einen oder anderen brauchbaren Satz der Tourismusministerin oder des Landwirtschaftsministers für die Hörer einzufangen. Doch schließlich kam es anders. Die Minister gaben sich redlich Mühe, ihre wie standardisiert wirkenden Floskeln vorzutragen, der Moderator leitete geschickt durch die langatmige Diskussion und nur dann und wann durchbrach ein unter den Gästen anwesender Reiseleiter mit kritischen Fragen die aufkeimende Langeweile. Erst als der letzte Podiumsgast, der bis dahin still schmunzelnd die Reden verfolgt hatte, zu Wort kam, wurde es anders. Interessanter. Amüsant und innovativ. Der Moderator stellte ihn vor: Paul Efmorfidis, Gründer des griechischen Erfolgsunternehmens »Coco-Mat«. Seit den 80er Jahren produzieren sie hochwertige ökologische Matratzen, Betten, Bettwaren und Möbel. Seit zwanzig Jahren wird das Unternehmen mit Auszeichnungen überhäuft. »Pionierarbeit umweltfreundlicher Produkte«, Qualitätspreise, Forschung natürlicher Rohmaterialien, Sicherheit am Arbeitsplatz, Qualität der Kundenbetreuung, »Umwelt und Friedenspreis«, erfolgreichstes Einzelunternehmen, soziale Verantwortung und so weiter. Eines der wenigen Vorzeigeunternehmen, jetzt, mitten in der Krise.

Paul Efmorfidis sitzt auf dem Podium. Lässig. Dunkelblaue Jeans, weißes Leinenhemd locker über die Hose hängend und bunte Turnschuhe. Er passt so gar nicht in das klischeehafte Bild eines erfolgreichen Industriellen, allenfalls sein schelmenhaftes Grinsen erinnert daran, dass auch er ein finanziell sorgenfreier Mann ist. Leider habe ich damals nicht mitgeschrieben, aber ich wage, die folgende Konversation komprimiert nachzuerzählen: Herr Paul richtet seinen Blick zum Landwirtschaftsminister, ein verschmitztes Lächeln huscht über seine Lippen, dann beginnt er.

»Herr Minister, haben Sie schon mal Eier gegessen?«

Fragende Blicke, ein stirnrunzelnder Minister und ein Herr Paul, der nachhakt: »Eier. Sie haben doch schon mal Eier gegessen?«

Erneute sprachlose Ratlosigkeit. Und Herr Paul lässt nicht locker. »Hühnereier, Herr Minister. Haben Sie doch schon gegessen!«

»Ähm, na ja, ja, aber … «

Herr Paul läuft jetzt zu Hochform auf, lehnt sich leicht zurück und fragt mit ausgebreiteten Armen weiter: »Na sehen Sie. Und worauf haben Sie dabei geachtet?«

Wieder diese Ratlosigkeit im Blick des Ministers. Und Herr Paul wieder: »Na, worauf achten Sie denn, wenn Sie Eier kaufen?«

»Ähm, also, ääh … Ich weiß ehrlich gesagt nicht … ähm … was … ääh … worauf …«

»Herr Minister, worauf achten Sie beim Eierkauf? Wie sollten die Eier sein? Woher sollten sie kommen?«

Fassungsloses Schweigen des Befragten, der jetzt wie ein Angeklagter wirkt. Aber Herr Paul will niemandem etwas Böses, er meint es nur gut, und das ist ihm wichtig. Also greift er dem Landwirtschaftsminister argumentativ unter die Arme.

»Wenn Sie Eier kaufen, dann achten Sie doch sicher darauf, dass sie von glücklichen Hühnern stammen. Bio-Eier von freilaufenden Hühnern, die irgendwo auf dem Dorf ihre leckeren, gesunden Körner picken.«

»Ja, ja, aber natürlich!« Der schwergewichtige Politiker hat seine Fassung zurück erlangt und wirkt jetzt staatstragend. Er blickt erleichtert und so, als würde er sich nach einem Frühstücksei sehnen. »Selbstverständlich verwende ich nur genau solche Eier. Der Geschmack spricht einfach für sich und eine ökologisch hochwertige Landwirtschaft ist auch ökonomisch sinnvoll.« Aufrecht sitzend und geradezu stolz blickt er in die noch immer staunende Zuhörerschaft.

»Sehen Sie, Herr Minister, und genau das ist Ihr Problem.« Herr Paul holt zum Matchball aus. »Ihre Beamten und die der anderen Ministerien sind doch wie die Hühner in der Legebatterie. Eingepfercht in den miefigen, engen Büros in der vollgestopften und überfüllten Hauptstadt. Wie sollen sie denn unter diesen Voraussetzungen etwas Sinnvolles produzieren? Sie müssen da raus! Nehmen Sie Ihr Ministerium, Herr Minister, und gehen Sie raus aufs Land! Dann entstehen auch wieder brauchbare politische Ideen.«

Bamm, das hat gesessen! Nach diesem Ass macht Herr Paul eine Pause. Der Minister schweigt betreten, dafür ist das Auditorium umso ausgelassener. Viele applaudieren, einige kichern hinter vorgehaltener Hand und andere lachen lauthals drauflos. Als sich die humoristisch aufgeladene Stimmung etwas beruhigt, fährt Herr Paul fort:

»Sehen Sie Herr Minister, ich will meinem Land helfen. Und ich glaube, wir brauchen vernünftige Rahmenbedingungen, dann kommen wir auch voran. Wir Griechen haben immer schon viele ausgezeichnete Ideen gehabt. Meine Firma ›Coco-Mat‹ ist quasi aus dem Nichts entstanden. Ich saß damals mit meiner Mutter am Strand und hatte plötzlich die Idee, Matratzen aus Seegras zu fertigen. Genial einfach und so naheliegend. Bei uns zu Hause, an der Küste der Peloponnes, lag das Zeug einfach herum. Verstehen Sie? Wir müssen nur wollen!«

Mit seinen Worten hatte Paul Efmorfidis alles gesagt. Der Minister saß nun still und blass auf dem Podium. Die Veranstaltung hatte zum Ende hin rasant an Spannung zugenommen, und nachdem der Moderator die Veranstaltung beendet hatte, drängten sich die Gäste um den »Coco-Mat«-Gründer. Der »Radio-Kreta«-Chefredakteur ließ sich die Gelegenheit nicht entgehen und erhaschte ein Interview mit dem Star des Abends. So lernte auch ich Paul Efmorfidis kennen, und schnell war die Idee geboren, etwas mehr über »Coco-Mat« in Erfahrung zu bringen.

Im Dezember 2013 ist es soweit. Ich mache mich auf den Weg über Makedonien nach Thrakien. Am frühen Morgen kurve ich mit meinem kleinen Mietwagen durch die sonnige, aber sehr kühle Innenstadt von Thessaloníki. Am Vortag hatte ich noch im leichten Pullover an der Strandpromenade gesessen und Kaffee-Frappé getrunken, doch in der Nacht hatte es spürbar abgekühlt. Ich drehe die Heizung auf, biege auf die Via Egnatía, die Autobahn mit historischen Hintergrund, die von der Westküste bis zur türkischen Grenze im Osten das Land verbindet, und drücke die im Radio voreingestellten Sender durch. Ich lande bei einer folkloristischen Radiostation, die wild anmutende thrakische Volksmusik dudelt. Interessant. Für eine Weile. Die Klänge der Lyra, der Flöten und Trommeln treiben mich auf der modernen Autobahn voran, die entlang der ursprünglichen Via Egnatía verläuft, auf der seinerzeit Alexander der Große Richtung Asien geritten war. Tiefhängender wabernder Nebel kurz vor Kavála. Es wird bergig und ich verspüre einen kleinen Frühstücksappetit. An einer Raststätte neben der Autobahn halte ich an. Es ist nur noch knapp über 0°C, doch die aufreißende Wolkendecke lässt bereits wärmende Sonnenstrahlen auf die Terrasse der Raststätte durch, wo bereits einige Reisende ihren Frühstückskaffee trinken. Ich trete ein. Auf der Toilette begegnen mir Spieler des Erstliga-Fußballclubs Skoda Xánthi in ihren Trainingsanzügen. Die Stadt, die mein heutiges Reiseziel ist, ist nur noch rund sechzig Kilometer entfernt. Ich kaufe mir an der gut ausgestatteten Backwarentheke der Raststätte eine Blätterteigtasche mit Schafskäse, bestelle mir einen Frappé »métrio me gála« dazu und steige mit meinem perfekten Frühstück wieder ins Auto.

Linker Hand der Via Egnatía wächst das beeindruckende Bergmassiv der Rhodopen immer höher an. Die schweren, bis vor wenigen Kilometern noch tief hängenden Wolken haben sich jetzt nahezu vollständig aufgelöst, und eine kräftige, tiefstehende Wintersonne blickt aus Richtung Bosporus gen Westen. Kurz vor Xánthi ist die Via Egnatía plötzlich gesperrt und ich muss verfrüht die Schnellstraße verlassen, um auf Umwegen die Hauptstadt der Verwaltungsregion Thrakien zu erreichen. Bei meinem letzten Besuch hier hatte ich nur wenig Zeit gehabt, die pittoreske Altstadt anzusehen. Ich hatte geahnt, dass ein Frappé auf der zentralen Platía nicht annähernd ausreichen würde, um die Stadt wirklich zu entdecken, und so freue ich mich umso mehr, heute immerhin einen ganzen Tag verweilen zu dürfen. Während ich auf dem Weg zum Industriegebiet die herbstlich bunten Bäume an den Hängen des Rhodopen Gebirges bestaune, erscheint vor mir am Horizont die typische Silhouette von Xánthi. Wie riesiger weißer Spargel wachsen an mehreren Stellen

Minarette islamischer Moscheen aus den Straßenzügen mit ihren niedrigen Wohnhäusern heraus. Der Anteil der türkischstämmigen Bevölkerung liegt bei rund 20 Prozent. Hinzu kommen einige zehntausend Pomaken, von denen ebenfalls einige dem islamischen Glauben anhängen. Die Universitätsstadt ist nicht nur jung und bunt, sondern auch ein Schmelztiegel der Kulturen und Religionen. Und gleichwohl, oder vielleicht auch gerade deswegen, ist die geringe Wirtschaftskraft unverkennbar. Als ich noch schnell an einer Tankstelle anhalte, warten bereits drei weibliche und ein männlicher Tankwart darauf, mir Benzin einzufüllen. Mit Mühe kann ich die geschäftstüchtigen Tankstellen-Thraker davon abhalten, den Dieseltank mit Super-bleifrei zu befüllen.

Wenig später erreiche ich im Industriegebiet am Rande der Stadt das Verwaltungsgebäude der Produktionsstätte von »Coco-Mat«. Hinter einem großen Tor liegt etwas erhöht das zweigeschossige Gebäude. Als ich es betrete, empfängt mich ein häuslicher Schick, gerade so, als hätte ich eine Privatwohnung betreten. In einer Art Wohnzimmer sitzen zwei junge Frauen vor Computern, skypen mit Kolleginnen und Kollegen auf der ganzen Welt und empfangen mich nebenbei mit griechischer Gastfreundschaft.

»Der Chef kommt gleich«, wendet sich eine der Damen, die soeben das Internettelefonat beendet hat, an mich. Sie geleitet mich zu einem gemütlichen Sessel, der neben einem exklusiven Couchtisch steht. Ich solle Platz nehmen. »Kaffee, Saft, Wasser? Dürfen wir Ihnen etwas anbieten?«

»Nein, danke, im Moment nicht.« Ich sehe mich lieber ein wenig im Raum um. Er scheint komplett mit »Coco-Mats« eigenen Möbelstücken ausgestattet zu sein. Ich fühle mich wohl zwischen Vollholzmöbeln und handgemachten Sofakissen der besonderen Art und lasse mich in die Polster fallen. Das Vergnügen währt jedoch nicht lang, denn ein junger Mann in legerer Kleidung betritt kurz darauf die Büro-Wohnlandschaft und stellt sich mir fröhlich vor:

»Schön, dass du da bist. Dann lernen wir uns endlich auch persönlich kennen.« Seine Sekretärin hatte ihm meine Ankunft am Telefon mitgeteilt. Stathis pellt sich aus seiner dicken Daunenjacke, winkt kurz in die Runde seiner Angestellten und wendet sich wieder mir zu: »Komm, wir gehen in mein Büro!«

Státhis Efstratiou ist der Werksleiter der »Coco-Mat«-Fabrik in Xánthi. Paul Efmorfidis, der Firmengründer, hatte mir den Kontakt zu ihm gegeben. Ich sollte unbedingt das Werk besichtigen, wenn ich das nächste Mal in der Nähe wäre. Und so hatte ich Státhis eines Tages angerufen und ihm meinen Besuch für heute angekündigt. Er will mir persönlich die Produktionsstätte zeigen.

»Der Zeitpunkt deines Besuches ist nicht ganz ideal. Ich bin in diesen Tagen im Stress. Wir müssen bis morgen eine Großbestellung abfertigen. Da ist es immer turbulent, aber wir werden schon genug Zeit finden, damit du dir das Werk ausgiebig ansehen kannst. Am besten gehen wir gleich mal los!«

Vom Verwaltungsgebäude bis zur Werkhalle ist es nur ein Katzensprung. Sechs verschieden große Wellblechhallen erstrecken sich auf dem hügeligen Gelände des Gewerbegebietes von Xánthi. Státhis steuert zielsicher die erste an, öffnet das große Metalltor und wir treten in eine Halle, die einem Lager gleicht. Státhis erklärt, dass hier eine Art Vorversandlager eingerichtet ist. Hier werden die halbfertigen Matratzen abschließend geklebt, dann werden die fertigen Produkte zum Versand in schicke Stoffhüllen mit Reißverschlüssen verpackt. Jede mit dem individuellen Produktionsdatum versehen. In der angrenzenden nächsten Halle zeigt mir Státhis das Warenausgangslager.

»Unsere Produkte werden auf Bestellung produziert. Wenn du dir in Berlin im ›Coco-Mat‹-Store eine Matratze kaufst, bekomme ich die Bestellung und unsere Arbeiter legen sofort los. Das fertige Produkt kommt dann zunächst hier ins Lager.«

Die unzähligen Matratzen, die das Hauptgeschäft auszumachen scheinen, sind hier ordentlich sortiert für den Versand vorbereitet. Zunächst müssen sie noch drei bis vier Tage trocknen, erst dann werden sie verschickt. Státhis geht weiter voran, schiebt die nächste Wellblechtür auf. Dahinter erwartet uns das Rohstofflager. Wir stehen vor einem riesigen Berg Baumwolle aus griechischer Produktion, Kokosfasern aus Sri Lanka und Schafswolle aus Belgien. »Wir arbeiten nur mit den besten Naturprodukten«, sagt Státhis und deutet auf einen Sack mit Algen und Seetang. Paul Efmorfidis hatte bereits in Berlin die Entstehungsgeschichte seiner Firma in Kürze skizziert. Die Idee kam ihm, als er mit seiner Mutter zum Baden an einem Strand auf der südlichen Peloponnes war. Der Wind hatte einen großen Berg Seetang angeschwemmt, auf dem Paul es sich gemütlich gemacht hatte.

»Mutter, worauf habt ihr früher eigentlich geschlafen, als es noch keine Matratzen gab?«, hatte er sie gefragt.

»Natürlich auf Algen, die wir am Strand gesammelt haben. Schau doch, wie viel es hier davon gibt! Und sie sind rein natürlich.«

An diese Unterhaltung, von der mir Paul mehrfach erzählt hatte, musste ich jetzt denken, während ich den Geruch der getrockneten und gereinigten Algen für die »Coco-Mat«-Produktion in der Nase habe. Es ist wie ein imaginärer Ausflug ans ägäische Meer. Paul hatte einmal gesagt, er habe diesen Traum gehabt: Er wollte die erste ägäische Matratze bauen. Dieser Traum ist in Erfüllung gegangen. Aus der ersten wurden tausende.

Státhis führt mich auf den Hof, wo er zwischen zwei Werkhallen stehen bleibt. »Ich will noch eine Zigarette rauchen. Aber bei uns herrscht natürlich Rauchverbot«, sagt er zu mir und steckt sich eine Kippe einer griechischen Marke an. Währenddessen blicke ich mich draußen um. Ein »Coco-Mat«-LKW steht vor der Lagerhalle, etwas abseits ein kleiner Bus mit dem Schriftzug der Firma. Státhis zieht an seiner Zigarette.

»Mit dem LKW dort drüben haben wir früher ausgeliefert. Den Transport haben wir aber 2012 ausgelagert. Jetzt macht das ein Speditionsunternehmen für uns.«

»Und was ist mit dem Bus dort drüben?« Ich deute auf den 30-Sitzer. »Macht ihr damit eure Betriebsausflüge?«

Státhis lacht. »Nein, dazu fehlt uns leider die Zeit. Wir haben wirklich gut zu tun. Komm, wir gehen hier rein!«

Státhis drückt die Zigarette aus und öffnet das Wellblechtor der nächsten Halle. Hier befindet sich das Herzstück der Fabrik. In der großen Werkhalle ist es gemütlich warm. An verschiedenen Produktionsstätten wird eifrig gearbeitet. Auf der einen Seite werden Matratzen gebaut, auf der anderen Kopfkissen genäht und Lattenroste für Betten konfektioniert. Ich gehe zu einem älteren, freundlich blickenden Herrn, der an einer großen Werkbank einen Stoffbezug an ein Bettgestell tackert. Etwas weiter sehe ich mir an, wie die Betten zusammenwachsen.

»Hier machen wir zum Beispiel Matratzen für ein Hotel in Aráchova«, sagt Státhis. »Diese jetzt in Standardgröße, aber wir bauen alle möglichen Größen und Formen. Für Jachten oder Schiffe benötigt man in aller Regel Spezialanfertigungen. Die machen wir natürlich auch.« Stolz blickt sich der Werksleiter um. Seine Belegschaft arbeitet offenbar mit großer Freude. Es wird viel gelacht, aber gleichzeitig penibel darauf geachtet, dass alles perfekt passt.

»Schau hier!« Státhis deutet auf eine weitere Werkbank an der aus Einzelteilen ganze Betten zusammengestellt werden. »Das hier werden die Modelle ›Triton‹ und ›Pythagoras‹. ›Triton‹ ist unser Top-Produkt. Das beste Bett, das es auf der Welt gibt.«

Das mehrteilige Bettsystem »Triton« besteht aus der Bett-Matratze gleichen Namens, die aus Kokosnussfasern, Naturkautschuk, Wolle, Baumwolle, Rosshaar, Kaktusfasern und Eukalyptusblättern gefertigt wird. Auf ihr liegt »Protéas«, das zentrale Element des »Triton«-Systems. Es besteht ebenfalls aus den genannten mehreren Lagen Naturmaterialien. Gekrönt wird »Triton« von der Top-Matratze »Thálassa« (– Meer)! In ihr finden sich Naturkautschuk und Seegras perfekt vereint.

»Jetzt zeige ich dir unsere Näherei!« Státhis geht voran. In der hinteren Ecke der Werkhalle arbeiten, etwas abgetrennt vom Rest der Werkstatt, die Näherinnen. Sie sitzen an ihren Maschinen und vernähen Stoffe, Kissenbezüge oder Bettdecken. Das leise Sirren der auf- und absausenden flinken Nadeln gibt der Näherei einen anderen Rhythmus als derjenige, der bei den tackernden Arbeitern nebenan herrscht. Es wird viel gelächelt und erzählt. Die Näherinnen sind mit Freude bei der Arbeit. Die Vorarbeiterin gesellt sich zu uns. Die ältere blonde Dame ist seit Ewigkeiten bei »Coco-Mat« beschäftigt. Sie ist Pomakin, wie viele andere in Thrakien auch. Die Angehörigen dieser ethnischen Minderheit haben es nicht leicht in Griechenland ordentliche Jobs zu finden. Seit der Finanzkrise gilt dies umso mehr. Zum Glück hat »Coco-Mat« ein Herz für Minderheiten. Sozial Benachteiligte oder Behinderte finden sich hier wie selbstverständlich unter der Belegschaft. Dementsprechend waren viele auch nicht überrascht, als das Unternehmen im Jahr 2009 die Auszeichnung mit dem »Europäischen Preis für unternehmerische Sozialverantwortung« erhalten hat.

Die Näherin bestätigt den vorbildlichen Eindruck: »Wir sind froh und glücklich, für ›Coco-Mat‹ arbeiten zu dürfen. Ich bin schon eine halbe Ewigkeit hier. Es ist warm, die Arbeit macht uns Spaß und wir haben tolle Kolleginnen und Kollegen. Und einen super Chef.« Die Pomakin blickt uns mit strahlenden Augen an und zeigt uns stolz ihre Nähwerkstatt. Zwischen Knöpfen, Nähgarn und Stoffen hindurch geht sie voran. Von einer Kollegin zur anderen. »Seht her«, sagt sie und zeigt zu einer ihrer Näherinnen. »Wir werfen hier nichts weg.« Von einem Stoffhaufen greift sie einen farbigen Fetzen. Auf dem Haufen liegen Reste, die beim Zuschneiden von Stoffen für ein Sofakissen anfallen. »Hier!« Sie drückt mir plötzlich ein paar Hausschuhe in die Hand. »Das waren auch Stoffreste. Unsere Kunden sollen alles mitbekommen, wenn sie bei uns etwas bestellen. Und so machen wir zum Beispiel Hausschuhe aus den Resten.«

Státhis hatte mir den Produktionsprozess vom Lager der Rohstoffe bis hin zu den Pantoffeln aus Reststoffen gezeigt. »Komm!«, sagt er schließlich, »ich zeige dir jetzt noch die hauseigene Schreinerei.« Mit dem Lastenaufzug geht es nach unten. Dort riecht es nach Sägespänen und frischem Holz. Edles Holz, nicht so wie im Ikea-Lager. Ein natürlicher Duft griechischer Eichen, Nussbäume oder Kirschen. Einige Möbel stehen scheinbar bewusst angeordnet in der Holzwerkstatt verteilt. Ein eleganter, riesiger Esstisch, ein runder Couch-Beistelltisch, Kinderschreibtische und Bettgestelle. »Schau!«, sagt Státhis. »Hier bauen wir die Basis der Betten, Kopfteile, Möbel und so weiter.« Er geht zu einem körperlich behinderten Mitarbeiter, der trotz seiner gesundheitlichen Einschränkung mit größter Übersicht eifrig Bettgestelle zusammenräumt. »Das hier sind die Gestelle für die Betten«, sagt Státhis. »Oben werden sie dann mit Stoff bespannt, das haben wir gerade gesehen.« Feinst verarbeitete Tischler-Handwerkskunst. Alles passt perfekt. Der Schreinereiarbeiter wendet sich uns zu: »Das hier ist Leidenschaft für Holz. Alles muss perfekt sein für den perfekten Schlaf. Wenn du irgendwann einmal auf einem solchen Bett schläfst, wirst du begreifen, was ich meine!« In meinem Kopf reift bereits der Entschluss, das deutsche 08/15-Bett demnächst gegen ein von »Coco-Mat« manufaktiertes Schlafparadies auszutauschen.

Als wir uns auf den Rückweg zurück in Státhis Büro machen, treffen wir noch einmal auf die pomakische Näherin. Fröhlich lachend ruft sie uns mit ihrem pomakischen Akzent zu: »Endlich werden sie auch im Ausland auf uns aufmerksam. Letztes Jahr waren zwei ausländische Delegationen zu Besuch. Dieses Jahr kommen fast alle zwei Wochen welche. Die Europäer haben uns entdeckt. Wir bauen die allerbesten Betten. Und ägäische Matratzen aus Thrakien.« Státhis ergänzt daraufhin an mich gewendet:

»Wir sind inzwischen mit Filialen in zwölf Ländern der Welt vertreten. Von Europa über Asien bis nach Amerika. In Deutschland sind wir bis jetzt in Berlin, Hamburg, Stuttgart und Düsseldorf. Und wir wachsen weiter.«

Zum Abschluss unseres Rundgangs führt mich Státhis dann noch in den Showroom. Der Werksverkauf von »Coco-Mat« in Xánthi hat alles, was das Schläferherz begehrt. Hier stehen die Betten, Sessel, Sofas, Tische, Möbel und alles weitere hübsch arrangiert und dekoriert. Die Verkaufsschau beeindruckt wie der gesamte Betrieb. »Státhi, es war sehr interessant hier mit dir den Rundgang zu erleben«, sage ich zum Werksleiter, bevor wir uns an diesem Nachmittag verabschieden. »Wenn du heute Abend noch etwas Zeit hast, lass uns doch noch etwas trinken gehen«, schlage ich vor.

Státhis antwortet spontan: »Sehr gerne. Ich schlage vor, du checkst gleich erstmal im Hotel ein. Ich muss in der Zwischenzeit noch eine Großlieferung abfertigen und dann treffen wir uns heute Abend in der Altstadt. Dein Hotel liegt ganz zentral. Gehen wir dann später was essen, ich kenne eine sehr leckere thrakische Taverne!«

Eine halbe Stunde später treffe ich im Hotel Elisso ein. Ein elegantes Idyll am Fuße des Hügels auf dem sich die Altstadt erstreckt. Man hatte mir nichtsahnend die Suite reserviert und so stehe ich staunend im weitläufigen Schlafgemach vor dem großen Herzstück des Nobelzimmers: das Bett »Triton« von »Coco-Mat«! Ein erstes kurzes Testliegen und schon wähne ich mich im Himmel. Sekunden später bin ich eingeschlafen.

Nach einem kurzen Nickerchen bin ich zu bester Frühabendstunde wohlig ausgeruht. Ich blicke auf die Uhr. Noch gut eine Stunde bis zu meinem Treffen mit Státhis. Genügend Zeit, um vorher einen kleinen Bummel durch die Altstadt zu machen, einen Kaffee zu trinken und die winterliche Atmosphäre auf mich wirken zu lassen.

Nach nur wenigen Gehminuten bin ich im Herzen der Altstadt angelangt. Gemütliche kleine Cafés reihen sich in den engen Kopfsteinpflastergassen aneinander. Es wirkt mittelalterlich und gleichzeitig modern sowie orientalisch angehaucht. Die Universitätsstadt sprüht vor jugendlichem Esprit. Musik dringt hier und da aus urigen Kneipen. Spontan schlüpfe ich durch die Tür einer solchen und suche mir ein lauschiges Plätzchen zwischen Musikbox und Butzenfenster. Bei der freundlichen Bedienung bestelle ich ein heimisches Bier der Marke Vergína aus der Nachbarstadt Komotiní. Erst kürzlich hatte man mir erzählt, dass die aufstrebende kleine Brauerei eine neue Erfindung gemacht hatte: Eine Art Eistee aus griechischem Bergtee, in coolen grünen Getränkedosen abgefüllt. So manch einer spricht bereits von einem künftigen Boom und einer neuen Beschäftigungsmöglichkeit für die Pomaken in den Dörfern oberhalb von Xánthi. Bisher bauten sie Tabak an, doch der Absatz ist eingebrochen. Der kommerzielle Anbau von griechischem Bergtee könnte diese Lücke schließen. Während ich beim Bier über Eistee nachdenke, den ich im Sommer trinken und dabei der griechischen Popmusik aus den Lautsprechern lauschen werde, klingelt das Mobiltelefon. Státhis ist dran. Er brauche doch noch ein wenig länger, der LKW sei aber fast beladen.»Trink noch ein Bier, ich hol dich dann ab und wir gehen Essen. Ich bin hungrig«, sagt Státhis noch schnell und legt dann auf.

Zwei Vergínas später sitzen wir gemeinsam in einer typisch thrakischen Taverne mitten in der Altstadt von Xánthi und begießen den Feierabend. Bei traditionellen Speisen aus der Gegend lassen wir den Tag Revue passieren und genießen den kühlen griechischen Weißwein. Nach einem ausgezeichneten Abendessen mit exzellenter Unterhaltung mit dem sympathischen Werksleiter sage ich zu Státhis:

»Xánthi ist wirklich eine Reise wert, nicht nur wegen eurer Fabrik hier.«

»Ja, es ist wirklich ein wunderbarer Fleck.« Státhis blickt gedankenverloren und müde durch die kleinen Fenster des Natursteinhauses in die Nacht. Er muss am nächsten Morgen ebenso früh raus wie ich.

»Státhi, ich glaube, es ist Zeit zu gehen. Ich bin müde und freue mich auf ›Triton‹«, sage ich zu ihm. Er lacht und fragt, ob mir das Zimmer gefällt.

»Es ist ein Traum. Und eure Betten sind die Krönung dieser Träume. Ich geh jetzt schlafen. Danke für einen wirklich eindrucksvollen Tag in eurer Werkstatt und im schönen Xánthi!«

Nach einer viel zu kurzen Nacht bimmelt der Wecker. Doch ich bin ausgeruht wie selten. Auf »Triton« schlafen, heißt sich erholen. Das ist das erste, was mir an diesem frühen Morgen in Xánthi durch den Kopf geht. Danke Paul, für deine Visionen für das ultimative Schlaferlebnis!

Waldpilze
Μανιτάρια του δάσους
Greece meets german Herbst
Η Ελλάδα συναντά το γερμανικό φθινόπωρο

Ein schönes Rezept, wenn einem im Herbst das Fernweh nach Griechenland packt, ist dieses hier. Mit frischen Pfifferlingen aus dem heimischen Wald und dazu ganz vielen griechischen Zutaten. So trifft Griechenland auf den deutschen Herbst.

Zutaten:

100 g Pfifferlinge, 1 rote feingehackte Zwiebel, 50 g arabische Würzbutter nach Alfons Schuhbeck, Salz, Pfeffer, 1 kleiner Romanasalat, 50 g Roastbeef (5 Scheiben), 6 EL Filótimo!-Olivenöl, 50 g Walnüsse, 1 EL griechischer Balsamessig mit Honig, 1 EL Honig-Senf-Sauce, Zitronenpfeffer, 1 Prise feingerebelter Oregano

Zubereitung:

Die Pfifferlinge entweder im Wald suchen oder einfach einkaufen. Anschließend putzen und zusammen mit der roten Zwiebel in Alfons Schuhbecks arabischer Gewürzbutter ca. 10 Minuten anbraten. Mit Salz und Pfeffer würzen und schmoren lassen.

Den Salat waschen, trocknen, in schmale Streifen schneiden und in eine Schüssel mit dem Roastbeef drapieren. Honig-Senf-Sauce darauf verteilen und mit Balsamessig übergießen. Pilze auf den Salat verteilen, mit Walnüssen garnieren. Kurz vorm Servieren mit Zitronenpfeffer, Oregano und etwas Olivenöl finalisieren.

Tipp:

Mit einer Scheibe Vollkornbrot und einer Scheibe griechischem Weißbrot servieren. Dazu passt ein griechischer roter Retsína.

P.S.: Theódoros verkauft in seinem kleinen Laden, der zu seiner Vulkantaverne »Oinotherapefteírio Hfaísteio« (Weinsanatorium Vulkan) in Kaméni Chóra auf Méthana gehört, Oregano bündelweise.

5

FILÓTIMOERNTE IN LYGOURIÓ
Ein goldenes Manaki-Pflückjubiläum beim
Weltkulturerbe

Der alte Pritschenwagen rumpelt los. »Baujahr 1950«, sagt Jannis, der noch Reste getrockneter weißer Farbe an den Wangen hat. Während seine Eltern und ein Erntehelfer seit acht Uhr auf den Feldern sind, musste er im Haus der Landwirte die Heizungsanlage reparieren und einige Heizkörper neu streichen. Selbst auf der Peloponnes kann es im Winter kalt werden, auch wenn das aufgrund der heutigen Temperaturen von über 20 Grad im Schatten kaum vorstellbar erscheint. Es ist Anfang Dezember 2016.

Am neuen Kunstrasenfußballplatz von Lygourió biegen wir links von der Hauptstraße ab und nehmen einen holprigen Feldweg eine Anhöhe hinauf. Nach einer knapp zehnminütigen Fahrt auf der Rüttelpiste haben wir unser Ziel erreicht.

»Viele Olivenbauern auf der ganzen Peloponnes klagen dieses Jahr über deutlich weniger Oliven an ihren Bäumen«, sagt Jannis und ergänzt: »Einige haben gar keine Früchte. Wir haben zwar auch etwas weniger an den Bäumen, aber die Ernte wird reichen. Es hat wenig geregnet in diesem Jahr, daher ist der Ertrag schlechter.«

Wir stehen im gleißenden Sonnenlicht der winterlich warmen Sonne, die sich allmählich in Richtung Horizont absenkt. Es ist kurz nach drei am Nachmittag. »Um vier Uhr machen wir Feierabend«, sagt Jannis und geht voran, nachdem wir aus dem Lastwagen ausgestiegen sind. Er steht nun zwischen einigen bereits abgeernteten Olivenbäumen auf der fruchtbaren, mit zahlreichen Feldsteinen gespickten, saftig-grünen Plantage. Einige große Plastikkisten stehen unter den Bäumen verteilt. Alle sind randvoll mit frischen, grünen Oliven der besten Sorte: Manaki!

Die uralten, agilen Bauern der Peloponnes schwören auf »ihre« Oliven – die echten Manaki-Oliven. Sie sind die Urform der Oliven auf der östlichen Peloponnes. Aus ihnen entsteht ein ganz besonderes Olivenöl. Einzigartig fruchtig und bekömmlich. Wahre Kenner sprechen vom Öl der ersten Jahreshälfte. Seine goldgrüne Farbe, sein facettenreicher Geschmack nach frischen Kräutern der Peloponnes und seine Leichtigkeit machen es unvergleichlich wertvoll. Grünes Gold. Man sagt, die besten Manaki-Öle entstammen aus der Region Argólis, der Herzkammer der Peloponnes. Hier war in der Antike das Zentrum der Mykenischen Kultur und bis heute beheimatet sie zahlreiche der bedeutendsten Sehenswürdigkeiten des Landes. Von Lerna und Argos über Mykene und Náfplion bis hin zum UNESCO-Weltkulturerbe Epídauros. Die gesamte Region ist aber nicht nur geschichtsträchtig, sondern auch eine der fruchtbarsten in ganz Griechenland. Das einzigartige Mikroklima in den landwirtschaftlichen Anbauflächen der Ebenen, zwischen hohen Gebirgszügen, ist auch die Grundvoraussetzung für das Gedeihen der allerbesten Manaki-Oliven. Die Bewohner der Argólis sind authentisch – wie ihr Olivenöl. Sie sind achtsam und resilient. Herzlich, frei und voller guter Eigenschaften.

Seit 1850 bewirtschaftet die Familie Kaloúdi ihr traditionsreiches Gut mit den jahrhundertealten Manaki-Olivenbäumen in Lygourió, direkt neben den Heiligtümern von Epídauros. Die Oliven der Familie Kaloúdi werden früh geerntet und handgepflückt, so entsteht ein erstklassiges so genanntes »agourolado«. Die noch nicht ausgereiften Oliven werden dafür zwischen Oktober und

Dezember direkt vom Baum in die Ölmühle gebracht und noch am selben Tag kaltgepresst. Die vorzügliche Manaki-Frucht bringt so ihr feines Aroma noch deutlicher zum Ausdruck. Die 300 Sonnentage pro Jahr und der Duft der umliegenden Pinienwälder fließen direkt mit ein in das fröhlich-fruchtig daherkommende Produkt, das weit mehr ist als nur allerfeinstes Olivenöl.

Im Jahr 2015 war Jannis auf die Idee gekommen, sein Olivenöl nach meinem Buch »Filótimo!« zu benennen. Er wollte es in Flaschen abfüllen, das Buchcover als Etikett verwenden und so das Filótimo auch in Deutschland den echten Ölfreunden anbieten. Ein Jahr später war es erstmals in kleiner Menge im Handel erhältlich. Die Olivenölexperten Dietmar und Raphaela von »ELIA – Gutes von Kreta« sind zwar eigentlich auf kretanische Produkte spezialisiert, doch das Filótimo!-Öl hatte sie sofort überzeugt. Auch die Namensgebung. Denn nicht nur für Jannis ist Filótimo das Wichtigste im Leben überhaupt. In meinem Buch geht es um das wahre Hellas, das Alltagsleben, die Probleme und Freuden, aber eben auch um die spezielle Einstellung der Griechen zum Leben.

Schon länger wollte ich Familie Kaloúdis bei der Olivenernte besuchen. Beinahe hätte es wieder nicht geklappt, doch am vorletzten Erntetag der Saison stehe ich also auf der Olivenplantage in der Nähe von Lygourió. Ich schaue glückselig in den strahlendblauen, wolkenlosen Winterhimmel und erblicke begeistert die letzten knackigen Oliven an den Ästen. Hier wird mir erneut bewusst, was Filótimo für die Griechen wirklich bedeutet. Es ist ein Lebensgefühl, das Nächstenliebe und Freiheit ausdrückt, Wertschätzung enthält, Achtsamkeit lehrt oder auch einfach Stolz vermittelt für besondere Momente oder Dinge. Ebenso wie dieses Öl. Es ist ein Aufruf für gutes Leben, für Freundschaft, Liebe, Naturverbundenheit und Geselligkeit.

Genau sieben Bäume bleiben noch zu ernten, dann ist die diesjährige Olivenernte abgeschlossen. Für heute wird es jedoch zeitlich zu knapp. Die Sonne sinkt unaufhaltsam und bald wird sie hinter den hohen Hügeln der umliegenden Bergkette verschwinden.

»Kalispéra kiría María!«, ruft Jannis aus einem kraftvollen Körper seiner Mutter zu. Mit einem jugendlichen Lächeln dreht sich die alte Frau um. Sie steht jetzt mit ihrem krummen Rücken über einen Krückstock gebeugt vor uns. Frau María freut sich sichtlich über meinen Besuch. Sie drückt mich, fast wie ihren eigenen Sohn, und beglückwünscht mich zur Entscheidung, sie bei der Ernte zu besuchen. Ihr Mann Chrístos kommt dazu. Lachend schüttelt er mir herzlich die Hand und will sie fast gar nicht mehr loslassen.

Frau María stand bis eben gebückt, nach dem langen Tag auf den Feldern, neben ihrem Erntehelfer zwischen den abgeernteten Bäumen. Jetzt hat sie sich stolz aufgerichtet.

»Weißt du, was sie alle zu mir sagen? Egal, wo ich hinkomme. Alle sagen mir: María, du hast die besten Oliven! Als ich 13 Jahre alt war, bin ich das erste Mal mit meinen Eltern zur Olivenernte mitgegangen. Seit 60 Jahren pflücke ich meine Früchte. Ich liebe diese Oliven, diese Bäume, diese Tage.« María schaut mich in diesem Moment an wie das kleine Mädchen, das zum ersten Mal bei der Olivenernte dabei ist. Man sieht ihr förmlich an, wie die Pflege dieser Bäume und die Ernte der einzigartigen Manaki-Oliven für sie die absolute Entspannung bringt.

»Weißt du eigentlich, wie diese Gegend hier heißt?«, fragt mich Jannis plötzlich.

»Nein, sag's mir!«

»Dieser Landstrich hier, zwischen Lygourió und Epídauros, wird Agios Vassilis genannt. Jetzt weißt du, woher das beste Olivenöl kommt.«

»Ja, wie passend!«, antworte ich ihm und muss schmunzeln. Agios Vassilis ist der griechische Santa Claus. »Und bald ist Weihnachten«, sage ich. »Das Filótimo!-Olivenöl bringt uns der Weihnachtsmann!«

»Und ich helfe ihm seit 60 Jahren«, sagt Frau María sichtlich stolz. Daraufhin müssen wir lauthals lachen, inmitten der Felder, die das Leben lebenswert machen. Eine wahre Öl- und Glücksquelle.

Zurück in Lygourió legt Jannis etwas Holz in den offenen Kamin, um die kleine Wohnstube zu erwärmen. Die Heizkörper stehen noch – frisch gestrichen – auf der großen Dachterrasse mit Blick nach Westen, wo die Sonne gerade am Horizont verschwunden ist. Schnell knistert im Kamin das trockene Geäst und wenig später gibt bereits ein dickes Holzscheit seine behaglich -lodernde Wärme ab. Wenn es im Winter auf der Peloponnes dunkel wird, kann es ziemlich kühl werden. Das Feuer macht es uns, die wir rund um den kleinen Esstisch sitzen, nun jedoch rasch gemütlich. Die Suppe, die Frau María aus der Küche hereinträgt, tut das ihre. Frau María reicht außerdem noch ein Tellerchen mit Oliven und eines mit Schafskäse aus dem Dorf dazu, dann wünscht sie uns allen einen guten Appetit.

»Du magst doch Fasoláda?«, fragt mich Jannis. »Meine Mutter macht eine wirklich gute«, ergänzt er.

»Ich liebe eure Bohnensuppe«, sage ich, während ich bereits den ersten Löffel probiere. Der zweite Gast in unserer Runde, der albanische Erntehelfer, der neben mir mit am Tisch sitzt, lächelt freudestrahlend und kopfnickend, so als würde ich ihm damit aus der Seele sprechen. Die sämige Suppe aus weißen Bohnen mit Kartoffeln, Möhren und Filótimo!-Olivenöl duftet herrlich auf unseren Tellern. Frau María strahlt und ist glücklich wie eine herzliche Großmutter, die es genießt, wenn es den Enkelkindern gut geht.

»Das ist unser traditionelles Ernteessen«, erklärt Jannis. »Es gehört für mich einfach zur Olivenernte dazu. Ach ja, und das hier auch.« Er reicht eine kleine Flasche mit klarem Schnaps darin. »Tsípouro?«, frage ich.

»Genau!«

Ich fülle mein Gläschen. Voller Vorfreude greift nach mir auch der Albaner zum kleinen Schnapsglas, gießt sich etwas ein und dann prosten wir uns zu.

»Στην υγεία μας!« (– Stin ijía mas! – Auf unsere Gesundheit!). Und auf ein gutes Gelingen der diesjährigen Olivenölproduktion.

Nach dem vorzüglichen Mahl verabschiedet sich der freundliche Albaner, erhält noch seinen Tagelohn und gönnt sich ein zweites Gläschen Tsípouro. Am frühen Morgen des nächsten Tages wird er das letzte Mal in diesem Jahr bei den Kaloúdis zur Olivenernte eintreffen. Es sind nur noch die letzten sieben Bäume abzuernten.

Auch ich will mich für heute verabschieden, doch nicht bevor mir Jannis das frische Öl präsentiert hat. Wir gehen ins Lager und Jannis öffnet den Deckel des großen Edelstahltanks. Goldgrün schimmert im Schummerlicht des Kellerraums das flüssige Filótimo. Es duftet so frisch und inspirierend traumhaft. In Gedanken fühle ich mich in einen Asterix-Comic versetzt. Ich stehe neben dem Druiden Miraculix, der mir aus seinem Kupferkessel vom Zaubertrank zu trinken gibt. Ölig gleitet der ausgezeichnete Trunk die Kehle hinab und ich fühle mich augenblicklich unbesiegbar. Filótimoisiert! Und jetzt hole ich mir ein Wildschwein aus dem Wald, reibe es mit Fiótimo ein und danke dem Weihnachtsmann für dieses vorgezogene Weihnachtsgeschenk.

Linsen-Lamm-Suppe
Σούπα με φακές και αρνίσια παιδάκια

Hülsenfrüchte sind seit jeher eine beliebte Speise in Griechenland. Besonders im Winter stehen häufig Linsen auf der Speisekarte. Sie sind so wunderbar vielseitig, dass ich mit ihnen auch gerne mal herumprobiere. Dieses Rezept ist eigentlich kein Experiment, denn ich habe einfach nur alles, was gerade da war, in einen Topf getan. Das Ergebnis war einfach verblüffend. So einfach und so lecker!

Zutaten:

1 in Streifen geschnittene Stange Porree, ⅛ gewürfelte Sellerieknolle, 5 gegrillte Lammkoteletts vom Vortag, aus dem Knochen gelöst und in dünne Streifen geschnitten, 100 g Linsen, 3 gewürfelte Kartoffeln, 1 gewürfelte rote Zwiebel, 2 gewürfelte Möhren, 1 kleine gewürfelte Chorizo, ein gewürfeltes Stückchen geräucherter Speck, ½ gewürfelte rote Paprika, Salz, Pfeffer, Olivenöl, ½ Tasse gehobelte frische Petersilie, 1 TL Throúmbi (griechisches Sommerbohnenkraut), 3 EL Zitronensaft, 2 Lorbeerblätter

Zubereitung:

Linsen bissfest kochen und abtropfen lassen. In einem Topf den Speck auslassen und darin die Kartoffeln anbraten. Anschließend Olivenöl zugeben Zwiebeln, Möhrenstücke, Porree, Selleriewürfel und Paprika mit anbraten. Mit ca. 1 Liter kochendem Wasser löschen, Throúmbi Lorbeerblätter und Linsen hineingeben und alles zum Kochen bringen. Lammfleisch und Chorizo in die Suppe geben und weich werden lassen. Mit Salz, Pfeffer und Zitronensaft abschmecken. Mit frischer Petersilie bestreuen und in tiefen Tellern servieren.

Tipp: Ich persönlich verwende gerne 8 bis 10 Lorbeerblätter (manchmal sogar mehr).

6

DROSSEL-LUNCH IN ATHEN
Von Anafiótika zum Vogelfakeláki

Als ich im Flieger in Richtung Griechenland sitze und auf den Abflug warte, beobachte ich durch das Flugzeugfenster einen kleinen Schwarm Spatzen, die sich in aller Seelenruhe auf dem Rollfeld des Berliner Flughafens nach den letzten essbaren Krümeln des Spätherbstes umsehen. Weihnachten steht vor der Tür, die ersten Schneeflocken waren bereits gefallen und ich gehe schnell im Gedanken noch einmal durch, ob ich auch an alles gedacht habe. Für die Freunde in Athen hatte ich Lebkuchen und Schokoweihnachtsmänner im Gepäck. Sie würden sich sicher über ein paar Süßigkeiten freuen. Oder? Immerhin ist Jannis Zahnarzt. Ich kam ins Grübeln. Andererseits sind griechische Ärzte geschickt im Umgang mit Präsenten.

Ein Vöglein hatte mir einmal gezwitschert, dass es in Griechenland nicht unüblich sei, wenn Patienten ihren Ärzten kleine Geschenke mitbringen. Mitbringsel, kein Bestechungsgeld wohlgemerkt! Eher eine Geste der Liebenswürdigkeit an denjenigen, der einen wieder gesund macht. Dieses Vöglein war selber Arzt in einer nordgriechischen Kleinstadt und er hatte mir versichert, dass durchaus im ganzen Land so verfahren würde.

Früher sprach man ganz offen von kleinen bis größeren Geldbeträgen, die man den Ärzten in einem kleinen Umschlag zusteckte, damit diese sich um eine gute Behandlung kümmerten. Die so genannten »Fakeláki«, die »Umschlägchen«, waren spätestens seit der griechischen

Finanzkrise in ganz Europa durch die Berichterstattungen in den Nachrichtensendungen berühmt geworden. Als Synonym für Bestechlichkeit und Korruption. Jannis würde mir die Schokoladen also sicher nicht abschlagen. Auch, wenn ich nicht als Patient in seine Praxis einbestellt, sondern zu ihm und seiner Frau nach Hause zum Essen eingeladen bin.

Ich will in diesem Jahr meine Weihnachtseinkäufe in der griechischen Metropole erledigen, die dortige Wirtschaft zumindest ein bisschen unterstützen und gleichzeitig das wunderbare Wetter genießen. Am späten Abend lande ich auf dem Flughafen Elefthérios Venizélos und mache mich sofort auf nach Kifissiá, um mich im dortigen »Coco-Mat« Hotel auf echten peloponnesischem Seetangmatratzen ordentlich auszuschlafen.

Am nächsten Morgen weckt mich eine gleißende Wintersonne, die aus einem tiefdunklen und wolkenlosen Himmel auf Athen hinablacht. Sie zaubert mir ein Lächeln aufs Gesicht. Bestens ausgeruht mache ich mich nach einem gesunden Frühstück aus griechischem Joghurt mit Honig, Bio-Spiegeleiern und frisch gepresstem Orangensaft auf den Weg nach »Downtown-Athens«. Obwohl das »Coco-Mat« Hotel seinen Gästen auch kostenlose Hightech-Holzfahrräder aus eigener Produktion zur Verfügung stellt, entscheide ich mich – aus nostalgischen Gründen – für die U-Bahn.

Von Kifissiá rattert seit 1904 die altehrwürdige »Ilektrikós«, die »Elektrische«, mit einem starenähnlichen Gezwitscher, wenn sie über die alten Gleise quietscht, ins Stadtzentrum. Die Linie 1 ist die älteste U-Bahnlinie Athens und verläuft zu einem großen Teil oberirdisch, so dass ich die wärmende Sonne auf meiner Fahrt durch die Vororte ins Zentrum vollauf genießen kann. Von Kifissiá gelangt man in einer Viertelstunde ins Herz von Athen.

Am Fuße der Akropolis setze ich mich in ein gemütliches Straßencafé in der Pláka, der Altstadt, bestelle einen Frappé und füttere beiläufig mit einigen Keksekrümeln ein paar gurrende Tauben, die sich wie die Bettler etwas zu essen suchen.

Die Winterjacke muss ich jetzt ausziehen. Schon am Vormittag erwärmt die tief stehende Dezembersonne die engen Gassen, wie sie es in Deutschland oftmals nicht einmal im Sommer schafft. Ich nippe am Eiskaffee und überlege mir dabei mit einem Blick auf den Stadtplan, von wo aus ich meinen Anafiótika-Spaziergang beginnen werde. Kurz vor meinem Abflug war mir beim Aufräumen der wundervolle Bildband »Anáfi« von Karsta Lipp in die Hände gefallen. Die zauberhaften Bilder des Ägäis-Inselidylls Anáfi ließen mich träumen und ich erinnerte mich an das kleine Athener Viertel »Anafiótika«. Das Wohnquartier wurde im 19. Jahrhundert ohne Baugenehmigungen von Handwerkern errichtet, die aus Anáfi und anderen Kykladen Inseln in die damals noch junge Hauptstadt Athen übergesiedelt waren. Anafiótika ist mit seinen engen Gässchen, den zahlreichen Treppen und den verwinkelten Sackgassen einmalig. Spontan hatte ich beschlossen, vor meinen Weihnachtsbesorgungen einen Bummel durch diesen malerischen Stadtteil am Fuße der Akropolis zu machen.

Vom Platz am Lysikratesmonument aus nehme ich den Fußweg der kleinen Ragkava-Straße, im Schatten der Akropolis. Über eine Treppe gelange ich auf die Stratonos-Straße, von wo aus sich eine nun deutlich kleinere Treppe den Berg hinauf schlängelt. Schwarze Raben sitzen auf einem der Treppengeländer. Unter einem Baum liegt in wildem Durcheinander, und in einen zerfetzten Schlafsack gehüllt, ein Obdachloser. Die Szenerie wirkt trotz der traurigen Lebensverhältnisse des Wohnungslosen dennoch weder trist noch bedrückend. Kleine Katzenjunge hüpfen spielend über den warmen, löchrigen Asphalt. Google Maps nennt diese Gasse »Anafiótika«. Straßenschilder findet man hier jedoch nicht, denn das gesamte sich anschließende labyrinthartige Geflecht aus Gässchen und Treppen bildet das ehemalige Bauhandwerker-Wohnviertel. Jetzt im Winter bin ich fast alleine unterwegs. Hier und da kreist ein von der nahen Akropolis herabgleitender Greifvogel über dem Viertel. Nur selten begegnet mir ein Tourist, häufiger stoße ich auf Bewohner, die ihre Wäsche vor, neben oder auf ihren Wohnungen zum Trocknen aufhängen, Blumen gießen oder auf einem Korbstuhl in der Sonne vor ihren Häusern sitzen und an kleinen griechischen Mokkatässchen nippen. Die teilweise winzigen Häuschen mit ihren weiß gekalkten Mauern, den blühenden Gärtchen und bunt gestrichenen Blumenkübeln und Türen erzeugen einen Eindruck, als würde man sich inmitten eines Kykladendorfes bewegen. Von der trubeligen Hektik der tiefergelegenen Athener Hauptstraßen ist man nach den wenigen Stufen nun gefühlte hunderte Seemeilen entfernt. Ich genieße diese malerische Ruhe, den weiten Blick über ganz Athen und mache Fotos von jeder erdenklichen Ecke und Nische. Eine sehenswerter als die andere.

Nach dem ägäisch-erholsamen Spaziergang durch Anafiótika macht der anschließende Weihnachtseinkauf in der Pláka noch mehr Spaß. Ich lasse mich durch die bunten Gassen treiben, kaufe bei einem Straßenhändler ein Tütchen Pistazien, schlendere weiter über den Flohmarkt und erstehe schließlich in einem Keller-Antiquitätenladen ein hübsches Toumperléki – eine traditionelle Trommel – wie man sie auch auf Anáfi häufig sieht. In einem Fußballfanartikelshop kaufe ich Trikots für die Kinder von ihren griechischen Lieblingsvereinen und in einem Lederwarengeschäft ein neues Portemonnaie für mich selbst.

Nun muss ich mich sogar beeilen, damit ich nicht zu spät zu meiner Essenseinladung beim Zahnarzt und seiner Frau komme. Gut gelaunt und hungrig mache ich mich also schnell auf nach Kypséli, einem bunten Stadtteil mit vielen unterschiedlichen Menschen jeglicher Couleur und spannenden Ecken. In einem Blumenladen am Viktoriaplatz, in dem ein eifrig zirpender Kanarienvogel in seinem Käfig sitzt und ein fröhliches Lied tschilpt, kaufe ich noch einen Weihnachtsstern als weiteres Gastgeschenk, für den Fall, dass die Schokoladen inzwischen im Rucksack geschmolzen sind. Kurz darauf erreiche ich die Wohnung des unendlich herzlichen Ehepaares.

Aus der Küche riecht es bereits verführerisch, als ich die Wohnung betrete. Der Herr des Hauses, Zahnarzt Jannis, kommt kurz nach mir zur Tür herein und seine Frau lässt das Essen für die hungrigen Mägen schnell auf den Tisch wandern. Salat, Toursí – in Essig-Salzlake eingelegtes Gemüse –, ein großer Fisch aus dem Backofen, dazu eine Fischsuppe vorweg und große Garnelen. Die Tafel füllt sich bedenklich. Erst ganz zum Schluss stellt die großartige Köchin einen aufreizend duftenden Topf auf das letzte freie Fleckchen des Tisches.

»Hier, probier erstmal einen oder zwei davon als Appetitanreger«, rät mir Katerína.

»Was ist da drin?«, frage ich neugierig.

»Tsichles!«

Und sie nimmt den Deckel vom Topf.

»Mein Mann hat sie von einem Patienten geschenkt bekommen!«

Unter dem griechischen Wort »Tsichles« verstand ich bis dato nur »Kaugummis«. Das konnte es jedoch nicht sein. Als sie den Deckel vom Topf nimmt, sehe ich in piepsstille Äuglein: In der Kassarolle liegen Vögel! Kleine Vögel. Mir ist etwas mulmig zumute. Probieren muss ich aber sowieso, so viel steht fest. Ein Kneifen würde der Dentist nicht gutheißen. So greife ich schließlich beherzt und ohne mir etwas anmerken zu lassen zum ersten knusprigen Flügelchen. Ein sehr zartes, einem Hühnchen ähnelndes Fleisch, jedoch sehr viel feiner. Die Versuche meiner Freunde, mir zu erklären, um was für Vögel es sich handelt, schlagen fehl. Ich kann mir keinen Reim machen, welche Vogelart dort im Kessel geköchelt hatte. Sie schmecken jedoch fantastisch. Ebenso der Fisch aus dem Ofen.

Katerina ist eine exzellente Gastgeberin. Sie kocht so gut wie ihr unnachahmlicher Humor lustig ist. Ihr Mann kommt leider nur kurz in den Genuss der Köstlichkeiten; er muss noch einmal in die Zahnarztpraxis. Dafür kommt nun Tochter Adriana auf ihre Kosten. Sie ist in ihrem Metier mindestens genauso talentiert wie ihre Mutter. Die gelernte Goldschmiedin fertigt mit geschickten Fingern wertvollen Schmuck. Kunstvolle Gold- und Silberketten, -armreifen oder -ringe. Alles, was das Damenherz begehrt. Noch während des Essens berichtet sie, in ihrer flüsternden Nachtigallen-Tonart, davon, wie sie gerade dabei ist, sich selbständig zu machen. Ihr ausgefeilter Geschäftsplan sieht vor, dass spätestens zum Jahresbeginn das eigene Atelier in Athen eröffnet wird. Sie weiß, was sie will und geht unbeirrt ihren Weg. Ein kleiner Hoffnungsschimmer, in der von der Krise hart getroffenen griechischen Hauptstadt. Gerade die junge Generation durchlebt nach Jahren der Krise ein Wechselbad der Gefühle, zwischen Hoffnungslosigkeit und Aufbruchsstimmung. Wie ein Vogel in der Mauser: zwischen Sommer- und Wintergefieder.

Als ich an diesem Abend müde und satt im Bett liege, schlage ich im Wörterbuch nach, was denn nun diese »Tsichles« sind. Ich traue meinen Augen kaum. Ich hatte Drosseln gegessen! Piep-piep-piep, guten Appetit!

Na dann, »kalí níchta« (– gute Nacht), denke ich noch und schlafe wohlgenährt und rundum zufrieden ein.

Am nächsten Morgen weckt mich erneut diese unfassbar helle Wintersonne und ich mache mich mit dem kleinen Mietwagen auf, zu einem Ausflug auf die Peloponnes. Irgendwo auf der Landstraße zwischen Korinth und Epídauros lasse ich gerade in meinen Gedanken den vorherigen Tag mit dem eleganten Mittagessen Revue passieren, als mir am Straßenrand eines dieser gelben Schilder auffällt, die ich schon so oft gesehen hatte. Vermutlich kennt jeder Griechenlandurlauber diese Metalltafeln, auf denen auf Griechisch deutlich zu lesen steht: »Jagen verboten«, und die fast auf jedem kleinen, unbewohnten Eiland in Strandnähe aufgestellt sind. Aber eben nicht nur dort. Auch hier in der weiten Einöde abseits der Küste, am Rande der einsamen Landstraße.

Mein Wagen gleitet Kurve um Kurve gemütlich dahin, ich genieße die warmen Sonnenstrahlen, die durch die Fenster in den Wagen greifen, und denke an das gestrige Mittagessen mit den schmackhaften Vöglein, als ich urplötzlich gezwungen bin, den Wagen aus der Gefahrenzone zu lenken. Völlig erschrocken reiße ich das Lenkrad herum, bremse kräftig ab und gleite mit erstaunten, weit geöffneten Augen über die Gegenfahrbahn, während ich zum Straßenrand gaffe. Wie aus dem Nichts waren sie erschienen: drei groß gewachsene Männer in Tarnanzügen und jeder mit einem großen Gewehr bewaffnet. Im ersten Moment hatte ich befürchtet, sie hätten es auf mich abgesehen, aber dann drehten sie sich mit ihren Waffen im Anschlag so geschickt und blitzschnell um, dass sie kurz darauf und halb geduckt in Richtung der an den Straßenrand angrenzenden Bäume spähten. Auch sie hatten es ganz offensichtlich auf Vögel abgesehen und wären dabei beinahe auf meinem Kühlergrill gelandet. Nun fahre ich vorsichtiger, mit angemessener Geschwindigkeit langsam weiter.

Besonders wenn man im Winter in Griechenland unterwegs ist, bekommt man einen Eindruck davon, warum es im Vergleich zu Deutschland so zahlreiche »Jagen verboten«-Schilder an allen erdenklichen Ecken gibt. Nur wenige Kilometer weiter die Landstraße hinab steht plötzlich erneut ein Jäger am Straßenrand. Diesmal ein greisenhafter Mann. Unbewegt, ebenso mit einem Gewehr im Anschlag und auf Beute lauernd. Den Rest des Tages achte ich sehr genau auf jedes Rascheln im Baum, im Gestrüpp oder im Geäst der winterlichen Olivenbäume, von denen die meisten bereits abgeerntet sind. Noch ein weiteres Mal begegne ich an diesem Abend auf dem Rückweg nach Athen einem Jäger auf der Pirsch. Es ist schon erstaunlich, wie beliebt die Jagd wieder geworden ist. Die Krise hat sicherlich einiges dazu beigetragen. Durch Zufall kommt mir eine Liste der Vogelarten in die Hand, die gejagt werden dürfen. Gleich auf vier verschiedene Drosselarten haben es die Jagdbegeisterten abgesehen: Singdrossel, Misteldrossel, Rotdrossel und Wacholderdrossel. Die Jagdzeit beginnt Mitte September und geht bis in den späten Februar. Zu einem echten griechischen Winter gehört scheinbar eine satte Drosselmahlzeit, denn jeder Jäger darf pro Tag 25 dieser Vögel erbeuten. Ich gehe die Jagdliste weiter durch und lese, was sonst noch so gejagt werden darf: Elster, Dohle, Aaskrähe… Mir genügt es. Vermutlich hatte Zahnarzt Jannis Glück, dass er ein Bündel leckerer Drosseln und keine Aaskrähen oder gar ein Fakeláki zugesteckt bekommen hat.

Am Ende eines sommerlichen Winterwochenendes verlasse ich Athen zwei Tage später mit neuen Eindrücken und Kochrezepten. Bestens ausgeschlafen, mit Weihnachtsgeschenken im Gepäck und sogar mit einer leichten Winterbräune im Gesicht. Und natürlich mit dem Vorsatz, auch im nächsten Jahr wieder Weihnachtsgeschenke am Fuße der Akropolis zu besorgen. Die Vogeljagd wird ganz sicher nicht meine neue Leidenschaft, aber das Gezwitscher der Drosseln in Athen höre ich seitdem mit neuen Ohren.

Athener Pfeifkonzert
Αθηναϊκά σφυρίγματα

Katharína, die fröhliche Kochfreundin, hat mir zunächst die Drosseln präsentiert und im Anschluss ein Rezept mit auf den Weg gegeben. An dieser Stelle ist es so passend, dass ich es nicht geheim halten möchte.

Zutaten:

Küchenfertige Drosseln, (so viele man finden oder fangen kann, mindestens 2 pro Person), 3 gewürfelte Zwiebeln, 1 Tasse Weißwein, Pfeffer, Salz, Saft einer Zitrone, 1 Zweig Rosmarin, etwas Petersilie, Sonnenblumenöl zum Anbraten

Zubereitung:

Die Drosseln von innen und außen salzen und pfeffern und im heißen Sonnenblumenöl von allen Seiten kurz anbraten. Zwiebeln und Rosmarin hinzugeben. Mit Zitronensaft und Weißwein ablöschen. Im geschlossenen Topf bei niedriger Hitze etwa 30 Minuten köcheln lassen. Heiß servieren und mit etwas frischer Petersilie garnieren.

Tipp:

Wer die Vöglein echt griechisch zwitschern lassen möchte, nimmt Retsína anstatt des herkömmlichen Weißweins. Am besten gönnt man sich gleich beim Kochen ein Gläschen gegen die Aufregung!

7

ZIEGENJOGHURT BEIM BIERBARBESITZER
Ein Ausflug ins Hirtenhaus

In der Nähe des altehrwürdigen Epídauros auf der Peloponnes liegt das winzige Dorf Avgoustopuleika. Hier lebt Ioannis mit seiner Frau Anastasia. Seit vielen Jahren kenne ich den ehemaligen Bierbarbesitzer. Er hatte in Toló, ganz in der Nähe von Perikles Taverne, das »Tramonto Beer House«. Die Tolóner gingen gerne dorthin, um Pizza zu essen und Bier zu trinken. Auch den Touristen gefiel der große Laden mit den rustikalen Holzmöbeln. Es erinnerte an eine österreichische Kneipe oder einen irischen Pub, aber weniger an eine typisch griechische Bar. Griechisches und internationales Bier floss besonders dann am meisten, wenn Ioannis zur Fußball-Welt- oder Europameisterschaft die weitläufige Dachterrasse mit einer Riesenleinwand ausstattete, runde Bierfasstische davor verteilte und alle Spiele live zeigte. Seit es in Toló das Open-Air-Kino nicht mehr gab, waren die Fußballspiele ein echtes Highlight. Viele Jahre konnte Ioannis nicht genug kriegen vom Bierbartrubel, doch plötzlich änderte er seine Meinung und beugte sich dem Wunsch seiner Frau.

Anastasia hatte schon lange einen Traum: Sie wollte so gerne das verfallene kleine Haus ihres Großvaters wieder aufbauen und so leben wie ihre Oma. Ihre Großeltern waren Hirten und besaßen dieses kleine Bauernhaus aus Naturstein in den Bergen der Argólis. Am Fuße des Arachnaio-Berges liegt also, zwischen wilden Obstbäumen und trockener Macchia, die verlassen anmutende Ortschaft namens Avgoustopuleika.

Ioannis holt uns an einem sommerlichen Nachmittag in Toló ab. Mit seinem Kleinwagen bringt er meinen Freund Olli und mich durch die nachmittägliche Augusthitze in das kleine Dorf. Als wir die schmale, schlecht asphaltierte Straße den Berg hinauf nehmen, kommt es mir so vor, als hätte sich Ioannis verfahren. Weit und breit ist kein Haus, kein Mensch, kein Lebewesen zu sehen. Doch nach wenigen Kilometern erreichen wir dann doch Avgoustopuleika. Ein ansehnliches Natursteingebäude steht fast verloren wirkend in der Leere der trockenen Bergwiesen. Eine nach Westen ausgerichtete Terrasse in der oberen Etage des Hauses ragt in Richtung der bereits tief stehenden Sonne über eine kleine Treppe hinaus, die zu einem kleinen Gemüsegarten hinterm Haus führt. Auf der gegenüberliegenden Seite, der kleinen Straße zugewandt, geht Ioannis voran durch die schwere hölzerne Eingangstür.

»Herzlich Willkommen in unserem Zuhause!« Ioannis steht mit ausgebreiteten Armen vor mir, dreht sich dann um und geht nur wenige Schritte in Richtung eines großen Wohnraums, als uns bereits Anastasia entgegen gelaufen kommt. Die zierliche 50-Jährige mit den blond-ergrauten Haaren ist bester Laune und freut sich offenbar sehr über unseren Besuch. Sie hatte uns bereits erwartet, denn auf dem Tisch im Wohnzimmer stehen vorbereitet ein Tellerchen mit Keksen, Löffelsüßigkeiten und daneben zwei Gläser mit kühlem Wasser. »Setzt euch und esst einen kleinen Happen«, sagt Anastasia und deutet auf die Couch. »Kaffee?« Und ohne die Antwort abzuwarten geht sie bereits zum Ofen, um einen Mokka zu köcheln. »Trinken wir erstmal einen Kaffee, bevor wir den Käse machen«, ruft sie uns im Weggehen zu und wendet sich zum Herd, der in einer zum Wohnraum hin offenen Küche steht.

Die dicken Steinmauern des Hauses lassen im Inneren eine angenehme Kühle bestehen. Obwohl es draußen noch gut 35°C sind, sinken wir erfrischt in die Sofakissen und warten auf unseren Kaffee. Nur wenig später bringt Anastasia die kleinen Tässchen und Ioannis hält plötzlich ein großes Fotoalbum in den Händen. »Hier, schaut euch die Bilder an. Wir haben alles dokumentiert, als wir das Haus wieder aufgebaut haben.« Ioannis blickt voller Stolz über meine Schulter, als ich Seite um Seite des Albums umblättere.

»Eine Herkulesaufgabe!«, sage ich zu unserem Gastgeber, nachdem ich die ersten Bilder gesehen habe. Eine Hausruine, nicht viel mehr als ein alter Schuppen. »Mehr als beeindruckend, was ihr hier geschaffen habt.«

»Es war wirklich eine Menge Arbeit. Wir sind stolz auf unser bescheidenes Heim und freuen uns immer über Besuch. Hier, trag dich in unser Gästebuch ein.« Ioannis reicht mir eine edle Kladde, in der bereits viele beschriebene Seiten von reichlich Besuch zeugen. Während ich die Grüße durchblättere, erzählt Ioannis weiter: »Wir hatten uns irgendwann überlegt, dass es sicher interessant für kleine Gruppen wäre, wenn sie hierher zu uns einen Ausflug machen. Nach einem Spaziergang zur nahen kleinen Kirche oder nach einer etwas längeren Wanderung zum Kloster weiter oben am Berg kehren wir anschließend hier ein und essen und trinken gemeinsam auf unserer Terrasse.«

»Es gibt sogar ein Kloster hier oben?«, frage ich angesichts der Abgeschiedenheit der Lage verwundert nach.

»Das Frauenkloster Karakala ist absolut einen Ausflug wert. Es soll aus dem 11. Jahrhundert sein, und noch heute leben einige Nonnen dort. Wenn du das nächste Mal hier bist, machen wir eine Wanderung hinauf. Heute reicht die Zeit nicht. Wir wollen ja noch Käse machen.« Ioannis blickt sich zu Anastasia um, die in der offenen Küche am Herd hantiert.

»Ich brauche noch ein Weilchen für die Vorbereitungen. Warum geht ihr nicht noch kurz zur Kirche?« Anastasia schaut vom Herd auf und zu uns herüber.

»Gute Idee«, sagt Ioannis und steht bereits im Türrahmen. »Gehen wir, es ist nicht weit.«

Die sich langsam senkende Sonne des Nachmittags ist noch immer brennend heiß und lässt schnell den Schweiß wieder auf unsere Körper zurückkehren. Bis zur kleinen Kirche des ehemaligen winzigen Hirtendorfes sind es nur wenige Minuten zu Fuß die schmale Straße entlang. Auf unserem Weg passieren wir ein verlassenes kleines Gehöft und einen stallähnlichen Verbau, der allerlei Werkzeuge für die Feldarbeit unter seinem Wellblechdach beherbergt. Daneben stehen drei Ziegen in einem mit Maschendraht umzäunten Gehege. Ringsum nichts weiter als wildes Gestrüpp und Oliven- und Birnenbäume.

»Außer uns wohnt niemand mehr hier«, sagt Ioannis und deutet auf die Ziegen. »Selbst unser Nachbar kommt nur noch her, um die Tiere zu füttern und sein Feld zu bestellen. Es ist wirklich einsam geworden.«

»Wie hältst du es hier eigentlich aus?«, frage ich Ioannis. »Nach den vielen Jahren in Toló jetzt plötzlich allein auf dem Berg …«

»Ich hab sogar all die Jahre noch eine kleine Wohnung in Náfplion gehabt«, sagt Ioannis und deutet den Berg hinab, wo sich am Horizont die Sonne allmählich auf die Festung oberhalb von Náfplion zu setzen scheint. »Selbst in Toló wurde es mir früher manchmal langweilig. Die Wohnung hatte ich noch fast ein Jahr, nachdem unser Haus hier schon fertig war.« Und Ioannis deutet mit ausgebreiteten Armen in die umliegenden weiten Landschaften. »Ich brauchte Bedenkzeit. Ich war nicht sicher, ob ich es hier oben dauerhaft aushalten würde.«

»Scheinbar gefällt es dir inzwischen?!«, sage ich mehr fragend als feststellend.

»Wenn man sich darauf einlässt, ist es das Paradies. Und ich habe mich ganz bewusst auf dieses Landleben eingelassen. Es gibt nichts Erfüllenderes als alles, was man braucht, selbst herzustellen. Gemüse, Brot, Olivenöl, Käse, Joghurt, Milch, Eier. Wir haben alles. Und zwar in einer Qualität, die du in keinem Supermarkt findest.«

Und dazu eine Gelassenheit und innere Ruhe, von der ein Stadtmensch nur träumen kann. Ioannis schlendert gut gelaunt auf das kleine Törchen zu, dass zum Vorhof der winzigen Kapelle führt. Er öffnet uns und geht voran, herein in das schmale Kirchlein. Seelenruhig steht er vor dem Mini-Altar und lässt seinen Blick schweifen. Vom goldenen Kronleuchter herab zum Korbstuhl, zur Ecke mit den spindeldürren Kerzen aus Bienenwachs und wieder zur Decke. Ioannis wirkt fast ein wenig spirituell. Jetzt deutet er auf die Wand neben der Eingangstür: »Sieh dir die Wandmalereien an. Vermutlich aus dem 16. Jahrhundert.« Seine Augen mustern die auf dem bröseligem Putz kaum mehr zu erkennenden Heiligenbilder. Beeindruckt von seiner Entspannungshaltung schreite ich langsam wieder heraus aus dem heiligen Haus. Mich interessiert im Moment eher, wie Ioannis Frau den Ziegenkäse herstellt. Als könnte er Gedanken lesen, sagt Ioannis zu mir, als er mir auf den Vorhof der Kirche folgt: »Ich denke, wir gehen jetzt besser zurück. Anastasia wird sicher mit den Vorbereitungen längst fertig sein und auf uns warten.«

In der Küche wartet Anastasia tatsächlich bereits vor dem Herd auf uns. Sie hat einen großen Topf auf der kalten Herdplatte stehen und eine Plastikschüssel daneben bereitgestellt. »Oh, da seid ihr ja. Dann können wir also beginnen?«

»Ja, fangen wir an!«, rufe ich begeistert und geselle mich zu Anastasia an den Ofen.

»Hier im Topf habe ich die frische Ziegenmilch, die ich heute Morgen gemolken haben. Die Milch muss einige Stunden stehen. Jetzt ist es Zeit, den Käse zu machen.« Anastasia greift zu einem großen Schöpflöffel und sammelt damit ganz vorsichtig den Rahm von der Ziegenmilch, der sich auf der Oberfläche dicklich abgesetzt hat. Sie gibt ihn in die Plastikschüssel.

»Jetzt müssen wir die Milch erhitzen. Dazu geben wir vorher noch Salz und Essig dazu.« Anastasia erläutert die mengenmäßige Zusammensetzung und schaltet die Herdplatte an. Auf drei Liter Ziegenmilch gibt sie etwa 100 ml Essig und eine halbe Hand Kochsalz. Sobald sie die Zutaten in die Milch gegeben hat, fängt sie mit einem Schneebesen kräftig an zu rühren. Bevor die Milch zu köcheln beginnt, nimmt Anastasia den Topf vom Herd. In der Spüle steht eine leere Schüssel, über deren Öffnung Anastasia ein feines Baumwolltuch ausgebreitet hat. Darüber gießt sie nun die erwärmte Milch, die gemächlich durch das Tuch in das Auffanggefäß tropft. Im Tuch selbst sammeln sich die festen Bestandteile der Milch, und Anastasia wickelt es nun als Bündel so zusammen, dass sie ihn als kleinen Stoffbeutel über der Spüle aufhängen kann. »Das war es auch schon. Jetzt muss der Käse gut abhängen und trocknen. Komm, ich zeig dir jetzt, was wir noch so alles machen!« Das ging schnell. Ich hatte es mir aufwendiger vorgestellt.

In der Zwischenzeit hat Ioannis die große Terrasse in der ersten Etage mit allerlei Köstlichkeiten eingedeckt. Ein frischer Salat aus dem Garten, mit Gurken, Tomaten und roten Zwiebeln und dem eigenen Olivenöl glänzt verführerisch in der langsam untergehenden Sonne. Daneben frisch gebackenes Brot, je ein Tellerchen

Tsatsiki und Oliven und natürlich der selbstgemachte Ziegenkäse.

»Setz dich!«, ruft mir der herzensgute Gastgeber zu. »Wir haben einige Mezédes, ein paar Häppchen. Das ist genau das Richtige um diese Zeit. Und dazu probieren wir den selbst gebrannten Tsípouro.« Ioannis schüttet etwas vom Tresterschnaps in zwei kleine Gläser. Dann prosten wir uns zu: »Stin ygiá mas!« (Auf unsere Gesundheit!)

Als wir uns später am Abend auf den Rückweg nach Toló machen möchten, drückt mir Anastasia noch einen Beutel in die Hand. »Bald wird es Winter, dann kochst du dir eine Suppe damit und erinnerst dich an die schöne Zeit hier im Dorf. Es ist selbstgemachtes Trachanás. Du weißt doch, was das ist?«

»Ja, eine Art geschroteter Hartweizen mit Joghurt.«

»Genau, wir machen ihn mit unserem Ziegenjoghurt. Du wirst begeistert sein. Koch eine Hühnersuppe und gib das Trachanás kurz vor dem Ende der Kochzeit dazu. Es ist gesund, traditionell und macht glücklich!«

In dem auf unseren Besuch in Avgoustopuleika folgenden Winter verwandelt sich unsere Küche in Deutschland in ein kleines altes Hirtenhaus. Die Ziegen scheinen durch den Hof zu laufen. In einer Ecke des Raumes hängt ein selbstgemachter Käse in einem Tuch ab und die Trachanás köcheln mit dem Huhn in der Suppe. Gedanklich bin ich jetzt wieder bei Ioannis und seiner Frau in Griechenland. Wie gerne würde ich sie jetzt zu einer leckeren Hühnersuppe ihren eigenen selbstgemachten Trachanás einladen.

Trachanás
Τραχανάς

Trachanás wird entweder aus Milch oder Joghurt, vermengt mit weite-ren Zutaten, hergestellt. Ioannis Frau verwendet den selbstgemachten Ziegenjoghurt. Andere greifen zur Ziegen- oder Schafsmilch. Wie man sie auch macht, sie sind immer eine lecke-re und traditionelle griechi-sche Mahlzeit.

Zutaten:
2 l Schafs- oder Ziegenmilch (wahlweise 2 kg Joghurt), 500 g Weichwei-zengrieß, 250 g Butter, 1 kg Weizenmehl oder Maismehl

Zubereitung:
Zuerst die Butter im Topf schmelzen und anschließend die Milch (oder den Joghurt) zusammen mit dem Weizengrieß hinzugeben. Unter stän-digem Rühren heiß werden lassen, bis es aufkocht. Dann das Mehl nach und nach unterheben. Immer weiterrühren (Vorsicht, nichts anbrennen lassen). Wenn die Trachanámasse fest wird, den Topf von der Kochplat-te nehmen. Auf einer festen Oberfläche ein großes Tuch auslegen und mit einem Löffel die Trachanásmasse flockenweise darauf bröseln. Die gebröselte Masse trocknen lassen (am besten direkt unter der griechi-schen Sonne). Sobald die Flocken anfangen zu trocknen, müssen sie durch ein Sieb gerieben werden. Den Vorgang mehrmals durch zur Hilfenahme von feineren Sieben wiederholen, sodass am Ende getrock-nete Krümelchen entstehen. Den fertigen Trachanás (also die Krümel-chen-Masse) nun in Ruhe richtig austrocknen lassen.

Der Trachanás gelingt am besten, wenn die Milch oder der Joghurt etwas angesäuert ist. Dafür wird die Milch (oder Joghurt) zwei bis drei Tage außerhalb des Kühlschranks aufbewahren. In gut sortierten Biolä-den findet man inzwischen auch immer öfter Ziegenjoghurt. Diesen kann man verwenden, wenn man den Joghurt nicht selber herstellt, wie dies Ioannis' Frau macht.

Tipp:

Trachanás schmecken wunderbar in einer Hühnersuppe. Man gibt die Brösel anstelle von Reis in die Suppe und köchelt alles auf kleiner Flamme bis die Suppe eingedickt ist.

8

ADRIANAS ATHENER SILBERSCHMIEDE
Ein Edelstein mit Goldhändchen

Es ist Sommer 2017. Griechenland boomt als Tourismusdestination. Dieses Jahr werden rund 30 Millionen Menschen ins Land strömen, um ihre Ferien hier zu verbringen. Sie bringen Geld in das wirtschaftlich schwer getroffene Hellas und etwas Hoffnung für die Griechen.
Der August ist der traditionelle griechische Urlaubsmonat, in dem diejenigen, die es sich noch leisten können, Urlaub machen. Jetzt treffe ich auch Adriana wieder am Meer. Dort sitzt sie dann oft stundenlang unter den Paradiesbäumen, schaut auf die sanft dahin gleitenden Wellen und sammelt Impressionen und Inspiration für die Zeit nach den Ferien. Die Szenerie lässt mich an den pointillistischen französischen Maler Georges Seurat und an sein post-impressionistisches Gemälde »Ein Sonntagnachmittag auf der Insel La Grande Jatte« denken. Auf diesem sitzen und stehen Personen aus unterschiedlichen gesellschaftlichen Schichten unter grünen Bäumen bei strahlendem Sonnenschein am Ufer der Seine und blicken auf das Wasser. Ganz ähnlich der heutige Sommertag auf dieser griechischen Terrasse: Es treffen sich Jung und Alt, Reich und Arm und schauen gebannt und inspirierend auf das Meer. Die einen sehnen sich nach Meerjungfrauen, die anderen philosophieren über die Götter und wieder andere machen sich Gedanken über den abendlichen Fischfang und ob es dann etwas zu essen geben wird. Woran Adriana wohl gerade denkt? Im Alltag hat sie nur wenig mit dem Meer zu tun

und sie schwingt auch nicht den Pinsel wie Seurat, stattdessen benutzt sie kunstvoll ihr Goldschmiedewerkzeug und genießt einen trockenen, pointierten Humor.

Wenn sie nicht Urlaub am Meer macht, lebt Adriana in Athen. Dort hat sich die Goldschmiedin ein kleines Atelier, ihre eigene Werkstatt, eingerichtet. »Mit 18 wollte ich noch Tierärztin werden«, sagt die jetzt 26-Jährige, als ich sie unter den schattenspendenden Bäumen fragte, wie sie zu ihrem Beruf gekommen ist. »Steine waren schon immer meine Leidenschaft. Und dann habe ich mir eines Tages gesagt: Trau dich, mach dein Hobby zum Beruf!«

Adrianas Weg in die Selbständigkeit war hart und steinig. Vier Jahre studierte sie in Griechenland und bildete sich auch diverse Male im Ausland fort. »Ich war während meines Studiums zum Austausch in Ägypten, in Italien und im Libanon«, sagt Adriana stolz. Sie hat die Steine dieser Welt gesehen, trotz ihres jungen Alters, und trotz der nach wie vor andauernden Wirtschaftskrise in Griechenland. Auch nach ihrem Studium hat sie das Ausland fest im Blick. Sie möchte Kunden aus aller Welt mit ihren Kreationen ansprechen. 2016 nahm sie an einer Ausstellung an der Goldschmiedeschule von Rom teil und der Erfolg von damals treibt sie weiter an. Jetzt, im Sommer 2017, als wir auf der Terrasse sitzen, auf das Meer schauen und über Edelsteine plaudern, sind ihre Vorbereitungen für die eigene Internetseite fast abgeschlossen. Spätestens im kommenden Jahr will Adriana online gehen und ihre Arbeiten über das Internet einem weltweiten Publikum anbieten.[9]

Trotz oder gerade wegen der Krise erlebt Griechenland neben dem Tourismusboom auch einen anderen Aufschwung. Die traditionell in Griechenland sehr verbreitete Goldschmiedekunst erlebt zurzeit, wie alle anderen bildenden Künste auch, in Hellas eine Renaissance.

Die weltgrößte Kunstausstellung, die »documenta«, die in diesem Jahr erstmals auch in Athen stattfand, brach alle Rekorde. Sie war nicht nur in Griechenland die bestbesuchte Ausstellung zeitgenössischer Kunst aller Zeiten, sondern auch weltweit. Von April bis September sorgte der Athener Teil der Ausstellung daher auch medial für besondere internationale Aufmerksamkeit. Auch in Deutschland wurde viel über den neuen Kunsttrend berichtet. So schrieb etwa die »Welt«: »Athen gilt bei Künstlern als das neue Berlin«. Und gerade die traditionsreiche Schmuckherstellung wurde dabei als »Teil dieses neuen kreativen Selbstbewusstsein« hervorgehoben.[10] Nicht nur die 30 Millionen Touristen erleben im Sommer 2017 in den Geschäften vor Ort die große Kreativität der einheimischen Schmuckdesigner, die ihre jahrtausendealte Handwerkstradition mit modernen Ideen kombinieren. Auch der internationale Schmuckmarkt wird durch die vernetzte Welt des Internets zusehends auf die neuen griechischen Goldschmiede aufmerksam.

»Hast du eigentlich ein Lieblingsmaterial, mit dem du arbeitest?«, frage ich Adriana, während sanfte Wellen das blaugrüne Meer vor unseren Füßen wie diamantenbesetzt glitzern lassen.

»Ich arbeite sehr viel mit Silber und Gold, aber mein absoluter Lieblingsstein ist der Labradorit. Ein wahnsinnig aufregendes Material.« Adrianas Augen glänzen jetzt voller Inspirationen. »Ich beziehe das Material aus Indien«, sagt sie, zaubert einen Stein aus ihrer Tasche und lässt ihn vor meinen Augen zwischen ihren Fingern spielen. Der Labradorit schillert in einem faszinierendem Farbspiel von blau über violett bis dunkelgrün im Sonnenlicht auf der Terrasse, ganz ähnlich der Farbe des Meeres an der steilen Felsküste der kleinen Insel gegenüber, die nur wenige hundert Meter vom Festland im gleißenden Sonnenlicht erstrahlt. Ich bin beeindruckt, welch scheinbare Kraft von diesem kleinen Stein ausgeht. »Meine Lieblingsfarbe ist übrigens blau«, sagt Adriana und lächelt in die Richtung der Ägäis.

»Im Winter komme ich dich in deiner Werkstatt besuchen«, sage ich daraufhin spontan zur Goldschmiedin. Ich habe Lust bekommen, mehr über Edelsteine und ihre Verarbeitung zu erfahren.

In den nächsten Tagen lese ich einiges über Edelsteine, Halbedelsteine und die Goldschmiedekunst. Neben Ägypten und den Anden-Kulturen waren in Europa die Griechen spätestens seit der Antike Vorreiter dieser Handwerkskunst und wahre Meister ihres Fachs. Der Beruf des Goldschmieds ist einer der ältesten Metallhandwerksberufe. In Europa wurden Nachweise gefunden, die die Goldschmiedekunst bereits im 5. Jahrtausend v. Chr. belegen. Während die Goldschmiede damals noch auf die Verarbeitung dieses Edelmetalls spezialisiert waren, wandelte sich das Berufsbild im Laufe der Zeit. 1000 v. Chr. wurde in Europa sehr viel mit Bronze gearbeitet. Es wurden Schmuck und Armbänder gefertigt und teilweise mit Gold veredelt. Es entstand die Technik der Granulation: Bei ihr wurden winzige Goldkügelchen auf einen anderen Grund aufgelötet. 300 v. Chr. wurden in Griechenland anstelle dieser Kügelchen Edel- und Halbedelsteine verwendet. Eine erste Blütezeit erlebte die Goldschmiede im Römischen Reich. Auch in Byzanz entwickelte sich eine hervorragende Schmiedekunst, insbesondere in Konstantinopel, dem heutigen Istanbul. Die Goldschmiede waren hoch angesehene Leute und arbeiteten nahezu ausschließlich für die Königs- und Herrschaftshäuser, für Kaiser, Könige und Sultane. Später, im Mittelalter, wurde die Kirche nach und nach zum Hauptauftraggeber für die europäischen Schmiede der edlen Metalle. Die Wikinger haben zu dieser Zeit den Bernstein für die Goldschmiedekunst entdeckt. Im Karolinger-Reich erlebte dieses Handwerk eine zweite Blütephase. Später, zur Zeit der Staufer, wurde das Gold knapper und man ging vermehrt dazu über, Legierungen mit Silber und Kupfer zu verwenden. Die Zeiten wurden schlechter und so erlebten auch die Goldschmiede erst mit der Renaissance ab der Mitte des 15. Jahrhunderts wieder einen Aufschwung. Im Rokoko wurde dann erstmals Modeschmuck aus Bleiglas hergestellt. Mit dem Beginn der Industrialisierung wurden später zusätzlich Eisenkunstgüsse möglich. Schmuck wurde dadurch sehr viel billiger und konnte nun auch von Privatleuten beschafft werden. So wurde im Laufe der Zeit das Bürgertum zum Hauptauftraggeber der Goldschmiede. Spätestens nach dem Zweiten Weltkrieg richtete sich die Goldschmiedekunst zunehmend nach schnelllebigen Modewünschen. Es wird das produziert, was den Käuferinnern und Käufern gefällt und was sich gut verkaufen lässt. Der Trend geht zu Massenfertigungen und Markenlabeln. Die echten handwerklichen Goldschmiede werden es künftig nicht leichter haben in ihrem Beruf. Sie müssen sich von der billigen Massenware absetzen. Wird Adriana das gelingen? Es ist ihr zu wünschen, denn sie hat ein Händchen und ein feines Gespür für ihren Beruf und seine spezielle Kunst. Ich bin sicher, dass sie in ihrem Studium mit großer Akribie die Techniken Nieten, Ziselieren, Treiben, Biegen, Hämmern, Tauschieren, Gravieren, Polieren usw. perfektioniert hat. Aber es ist nicht nur dieses handwerkliche Grundgerüst, das eine gute Goldschmiedin ausmacht. Adriana hat darüber hinaus einen speziellen Blick auf die Umgebung und das Material und ich spüre eine besondere Neigung für das natürlich Schöne.

Am Abend dieses Tages am Meer treffe ich Adriana noch einmal auf der Terrasse, wo sie einigen Touristinnen Exemplare aus ihrer neuesten Kollektion präsentiert. Als ich dazu komme, hält sie gerade einen silbernen Ring in die Höhe, der ihr besonders am Herzen liegt. Er ist als eine Miniaturnachbildung eines Tannenzapfens geformt. Ein silbernes Naturschauspiel. Der nur wenige Millimeter große Zapfen sieht aus, als hätte jemand das Original geschrumpft und mit Silber überzogen.

»Für diesen Ring habe ich einen Pinienzapfen, den ich im Wald gefunden habe, exakt verkleinert nachgebaut.« Adriana zeigt das Schmuckstück in die Runde und sie erntet staunende Blicke der Touristinnen. Die jungen Mädchen und älteren Damen sehen sich fasziniert die Silberringe und Armreifen an. Eine Frau greift plötzlich mit großen Augen zu einer Halskette mit einem Labradoriten. »Schau dir das an«, sagt sie zu ihrer Tochter. »Das passt perfekt zum Tannenzapfenring.« Reihum Nicken und Adriana ist zufrieden. Ihr Lieblingsstein, der Labradorit, begeistert ihre potentiellen Kundinnen ebenso wie mich.

Einige Wochen später bin ich zurück in Deutschland und recherchiere ein wenig über diesen Stein. Dabei stoße ich auf eine interessante Parallele. Sein auffällig schimmernder Farbwechsel von blau, violett und grün wird Labradoreszenz genannt. Anderswo lese ich, das Farbspiel gleiche dem von Benzin. Ich muss wieder an das Wasser rund um die Insel Rómvi denken, auf deren gegenüberliegender Festlandseite Adriana auf der Terrasse ihre Schmuckstücke präsentierte. Wenn, wie die Griechen sagen, das Meer bei Windstille unbewegt wie Öl spiegelglatt ist, dann zeigt sich dort eine perfekte Labradoreszenz. Vermutlich kommt Adriana deshalb so gerne dorthin, an diesen besonderen Ort am Meer.

Auch wenn er manchmal genauso schimmert, ein Teil der Ägäis ist der Labradorit nicht. Doch was genau ist er eigentlich? Ein Edelstein, ein Halbedelstein, ein Schmuckstein? Die Gemmologie, die Wissenschaft von den Edelsteinen, die Edelsteinkunde, ist für mich auf den ersten Blick etwas verwirrend. Ein Mineralien-Lexikon im Internet lehrt mich zunächst einmal Folgendes:

»Labradorit ist ein Mitglied der Plagioklase-Serie. Diese Serie umfasst Feldspäte von reinem NaAlSi3O8 bis zu reinem CaAlSi3O8. Labradorit ist definiert mit einem Anteil von 50 bis 70% Kalzium und 50 bis 30% Natrium innerhalb der Kristallstruktur.«[11]

Aha, klingt interessant, aber so richtig verstanden habe ich es mit meinen rudimentären Chemiekenntnissen nicht. Also schlage ich bei Wikipedia nach und hoffe auf eine allgemeinverständlichere Erläuterung. Dort heißt es: »Labradorit gilt wie Andesin heute nicht mehr als eigenständiges Mineral, sondern ist ein Plagioklas, eine relativ häufig vorkommende Mineralmischung aus Albit und Anorthit aus der Gruppe der Feldspate und der Mineralklasse der Silikate.«[12]

Schon etwas verständlicher. Eine Mineralmischung also. Und weiter lerne ich, dass er eine Mohshärte von 6 bis 6,5 besitzt. Der deutsche Mineraloge Friedrich Mohs (1773–1839) hat diesen relativen Härtewert für Mineralien erfunden, der eine Einteilung in harte (6-10), mittlere (3-5) und weiche (1-2) Mineralien ermöglicht. Talk mit einer Mohshärte von 1 und Gips mit einem Wert von 2 sind sehr weiche Mineralien. Das härteste menschliche Gewebe, der Zahnschmelz, bringt es immerhin schon auf einen Wert von 5. Und das härteste Mineral ist mit einer Mohshärte von 10 der sagenumwobene Diamant.

Bei meinen Recherchen lese ich nun immer weiter im Internet. Ich erfahre, dass die internationale

Handelsorganisation für Edelsteine (CIBJO) zwischen natürlichen Materialien, zu denen Edelsteine, Schmucksteine und organische Substanzen gehören, und künstlichen Produkten (Imitationsprodukte) unterscheidet. Der Unterschied zwischen Schmucksteinen und Edelsteinen liegt dabei nicht auf dem Preis oder der Hochwertigkeit des Materials, sondern er ergibt sich aus der Härte nach der Mohs-Skala. Sehr harte Materialien gelten danach als Edelsteine, die weicheren als Schmucksteine. Letztere wurden früher auch Halbedelsteine genannt.

Als »echte« Edelsteine werden in der Regel diejenigen Mate-rialien definiert, die eine Mohshärte ab 7 aufweisen. Jedoch scheint dies nicht ganz eindeutig festgelegt zu sein, denn es finden sich auch Quellen, die ab 6,5 Mohshärte von Edelsteinen sprechen. Wie dem auch sei, der Labradorit ist also nicht weniger edel, und von seiner Schönheit und Labradoreszenz ganz sicher einer der faszinierendsten Steine. Und immerhin sollen es rund 4000 verschiedene Mineralien sein, die auf der Erde vorkommen. Von diesen sind außerdem etwa 500 auch im Bereich der Heilkunde bekannt. Schon die berühmte Äbtissin Hildegard von Bingen hat bereits im Mittelalter davon gesprochen, dass Edelsteine auch für die Heilkunst von Gott geschaffen wurden. Zwar findet sich der Labradorit noch nicht in der Heilsteinliste der Hildegard von Bingen, doch spielte er in der Folge durchaus eine Rolle, wie verschiedene Internetquellen zeigen. Dem Labradorit wird etwa nachgesagt, er habe eine positive Wirkung »bei einer Anwendung zur körperlichen Unterstützung im Kampf gegen Rheuma und Gicht« und er wirke »stabilisierend für Herz und Kreislauf«. Außerdem »verbessere er die Menschenkenntnis«, wobei eine Wirkung auf mentaler Ebene allerdings nur dann optimal erzielt werden soll, wenn man den Stein regelmäßig betrachtet, und zwar über einen längeren Zeitraum täglich.[13] Ich stelle mir vor, wie es sich anfühlt, wenn ich mehrere Wochen an der Küste sitze und auf die labradorisierende Ägäis blicke. Eine tiefe Entspannung und Zufriedenheit stellt sich umgehend ein, dabei habe ich gar keinen Labradoriten in meiner Hand. Aber wie heißt es so schön auf einer Internetseite zur Steinheilkunde: »Die Augen des Menschen sind das »Tor zur Seele«, so sagt man. (…) Man muss kein großartiger Farbpsychologe sein, um feststellen zu können, dass es einen gewaltigen Unterschied macht, ob man einen schwarzen oder einen knallig orangefarbigen Stein auf sich wirken lässt. (…) Daher sollte der Farbwahl bei der Suche eines Steines für die Seele entsprechend große Bedeutung zukommen.«[14] Egal, ob man nun an die Heilwirkung glaubt oder nicht, Ägäisblau mit einer dezenten Labradoreszenz ist jedenfalls genau meine Farbe.

Es ist Dezember 2017 als ich mich an einem warmen Nachmittag durch die Straßen von Athen treiben lasse. Es ist weihnachtlich geschmückt, aber doch noch sommerlich warm. Ich bin auf dem Weg zu Adrianas neuer Werkstatt. Nach dem Sommer wollte sie schrittweise professioneller werden, hatte Ausschau gehalten nach geeigneten Räumlichkeiten für ihr Kunsthandwerk und war schließlich, nicht ganz zufällig, in Kypséli fündig geworden. In diesem alten Athener Stadtviertel nördlich des eigentlichen Stadtzentrums, praktizierte Adrianas Vater noch bis vor kurzem in seiner Zahnarztpraxis, die Adriana als ihre Silberschmiedewerkstatt übernommen hat. Von der Platía Amerikís über die Patisíon-Straße erreiche ich die Praxis nach wenigen Minuten. An der Tür prangt noch das Schild des Zahnarztes. Als ich klingele, empfängt mich jedoch nicht der Doktor, sondern Adriana freudig strahlend in ihrem neuen Schmucklabor.

»Leg deine Sachen im Wartezimmer ab!«, sagt sie und führt mich einmal durch die Praxis. »Es ist alles noch fast so wie früher, sogar der Behandlungsstuhl steht noch. »Schau!« Adriana öffnet die Tür zum Behandlungszimmer, das noch vollständig mit modernen und einigen in die Jahre gekommenen Geräten eingerichtet ist. »Wir verkaufen jetzt die Praxiseinrichtung und dann richte ich mich endgültig mit meinem Atelier hier ein«, sagt Adriana und blickt sich stolz in ihrem neuen Reich um. »Aber komm, ich zeig dir erstmal meinen eigentlichen Werkraum.«

Im ehemaligen Arztzimmer hat sich Adriana bereits auf kleinem Raum professionell eingerichtet. Nur das alte Sofa und ein riesiges Foto an der Wand erinnern hier noch an den Zahnarzt. Auf dem Wandbild ist ein junges Paar abgebildet, das halbnackt an einem sommerlichen Strand liegt und aufs Meer blickt. Der Mann trägt eine Goldkette um den Hals über seiner behaarten Brust. Auf der gegenüberliegenden Seite des Raumes befindet sich die sorgsam eingerichtete Werkbank mit allen erdenklichen Spezialwerkzeugen. Hier liegen und stehen Schieblehren, Gravier- und Reißnadeln, Korund-Schleifsteine, Federzirkel, Lötkornzangen, Lötkreuzpinzetten, Faßkloben, Reibahlenhalter, Parallelflachzangen, Hämmer, Riegel, Lotschere, Flach-, Rund- und Kettenzangen, Seitenschneider, Laubsägebogen und Sägeblätter, Feilen, Schalen und Bürsten und jede Menge Edelsteine. Alles akribisch sortiert. Auf einem Ablagetisch stehen Schmuckbüsten und gläserne Ringhalter, an denen silberne Damenringe ausgestellt sind.

»Ich bereite gerade meine Kollektion für die große Ausstellung im Januar vor«, sagt Adriana und wirkt etwas nervös. Als sie meinen fragenden Blick sieht, ergänzt sie: »Es ist die wichtigste Schmuckmesse in Griechenland und auf dem gesamten Balkan. Ich stelle zum ersten Mal dort aus. Es ist wahnsinnig viel Arbeit, denn ich muss alles selber machen. Mein Verkaufsstand soll gut werden, damit ich meine Werke angemessen präsentieren kann. Es kostet auch eine ganze Menge Austellergebühren, daher will ich nichts dem Zufall überlassen.« Die »Modern Creations Show« findet seit 1982 zweimal jährlich statt. Fast 500 Aussteller versuchen hier, ihre Kollektionen an die professionellen Schmuckhändler zu verkaufen. Dementsprechend aufgeregt ist Adriana vor ihrer ersten Teilnahme bei dieser wichtigen Messe.

Jetzt fällt mir auf, dass nicht nur zahlreiche Ringe in der Werkstatt ausgestellt sind, sondern auch welche unter den Augen der jungen Goldschmiedin prangen. »Wie lange arbeitest du so am Tag?«, frage ich Adriana. »Ach, im Moment etwas mehr als normal, weil ich für die Messe fertig werden muss. Ich gehe gegen 10 Uhr am Vormittag in die Werkstatt und bin abends meistens bis etwa um Mitternacht hier.« Adriana sagt das trotz der langen Arbeitszeit unbeeindruckt. Sie ist in ihrem Element, und das heißt Silber.

Silber kann guten Gewissens als geschichtsträchtigstes Edelmetall Griechenlands bezeichnet werden. Das größte Bergbaugebiet der europäischen Antike befand sich auf der attischen Halbinsel. Rund um die heutige Stadt Lavrion, etwa 50 Kilometer südöstlich von Adrianas Athener Silberschmiede entfernt, lag das Grubengebiet mit seinen weltberühmten Silberminen. Schon im 3. Jahrtausend vor Christus soll hier der erste Bergbau betrieben worden sein. Zu mykenischer Zeit wurde das Silber dieser Region nach Santorín, Kreta und Ägypten exportiert. Im 5. und 4. Jahrhundert v. Chr. erlebte der Silberbergbau um Lavrion seine erste Blütezeit. Private Unternehmen pachteten die Minen vom Staat und betrieben den Bergbau mithilfe von vielen tausend ausländischen Sklaven. Auf diese Zeit soll auch der Ausdruck »Eulen nach Athen tragen« zurück zu führen sein. Damals wurde in Athen die attische Tetradrachme eingeführt, eine 4-Drachmen-Münze, mit Athener Eule auf der Rückseite. Diese wichtigste Großsilbermünze des antiken Griechenland wurde aus Silber geprägt, das in Lavrion geschürft wurde. Der Dichter Aristophanes gebrauchte in seiner Komödie »Die Vögel« das Sprichwort mit den Eulen. Athen war zu dieser Zeit reich, man musste also keine Drachmen dorthin tragen. Das änderte sich im Laufe der Geschichte mehrfach. Im 19. Jahrhundert nach Christus erlebten die Silber-, Blei- und Zinkminen eine Wiederbelebung. Französische Bergwerksbetreiber hatten die Förderung übernommen. In Attika wurde tonnenweise edles Silber gewonnen. Die letzten Betriebe im Bergbaugebiet Lavrion schlossen jedoch Ende der 1970er Jahre endgültig.

Adriana hat für die Messe zahlreiche neue Schmuckstücke aus Silber gefertigt. Ringe, Armreifen, Ketten, Anhänger … Die Werkstatt gleicht einer Silbermine, allerdings deutlich kunstvoller angerichtet, wenngleich auch ziemlich staubig. Adriana lacht, als mein Finger eine dicke Staubschicht von der Werkbank wischt.

»Ich sitze hier eigentlich von morgens bis abends mit meiner Staubmaske«, sagt sie, setzt sich das Ding aufs Gesicht und spricht gedämpft weiter. »Bei der Arbeit entsteht sehr viel feiner und feinster Staub. Manchmal muss ich sogar die hier benutzen, aber sie ist so anstrengend zu tragen, wenn man sie länger auf hat.« Adriana zeigt auf eine größere Apparatur mit einem Absaugschlag, an deren Ende eine Atemschutzmaske angeschlossen ist.

»Setz mal auf!«, sage ich schmunzelnd zu ihr.

»Ne, lass mal, damit sehe ich aus wie ein Jetpilot mit seiner Sauerstoffmaske.«

Adriana öffnet eine Schublade und holt eine Kiste hervor. Darin bewahrt sie einige Edelsteine auf. Während wir uns unterhalten, ist sie ununterbrochen damit beschäftigt, verschiedene Schmuckstücke einzupacken und Anhänger an Ketten anzubringen. Sie steht unter erheblichen Zeitdruck wegen der Messe, aber lässt es sich in keiner Weise anmerken. Ihre Gelassenheit beeindruckt mich. Mit geschickten Fingern holt sie verschiedene kleine Steine aus der Box und legt sie vor mich auf ein samtenes Tuch. »Hier, das sind einige Labradoriten.« Mandelgroße geschliffene Steine glänzen mich an. Als ich sie ins Licht halte, labradorisieren sie deutlich sichtbar. Ich muss an den Sommer denken, an den Tag, als wir uns das letzte Mal am Strand gesehen hatten. Wie damals das Meer glitzert hier nun der Labradorit in Farbtönen von grün, über türkis bis hin zu dunkelblau zwischen meinen Fingern.

»Passt dieser Stein nicht wunderbar zu Silber?«, fragt Adriana rhetorisch und hält ihn an eine noch unfertige Brosche, die ihn eines Tages einfassen soll. »Guck, hier sind noch andere Steine, Achat, Lapislazuli, Amethyst, Smaragd. Aber der Labradorit ist einfach der Schönste von allen.« Adriana strahlt aus ihren kastanienfarbenen Augen. In die Stille ihres Ateliers dringt urplötzlich ein dumpfes Magenknurren. Die Goldschmiedin fasst sich an den Bauch.

»Komm, lass uns zu meinen Eltern gehen. Wir müssen etwas essen, ich habe wahnsinnigen Hunger«, sagt sie und beginnt bereits, die noch auf der Werkbank herumliegenden Werkzeuge, Edelmetalle und Steine zusammen zu legen. Dann geht sie ins Nebenzimmer, nimmt alle Maschinen vom Netz und löscht das Licht.

»Ich habe wirklich einen Riesenhunger. Diese Messevorbereitungen sind so kräftezehrend, ich muss jetzt was essen. Heute mache ich ausnahmsweise etwas früher

Feierabend. Lass uns gehen!« Adriana wirft mir bereits eilig meine Jacke entgegen, die sie aus dem ehemaligen Wartezimmer der Zahnarztpraxis geholt hatte. Kaum im Mantel, stehe ich bereits im Treppenhaus. Adriana hat es eilig. Wieder knurrt ihr Magen.

Von Adrianas Atelier sind es nur wenige Minuten zu Fuß bis zur Wohnung ihrer Eltern. Es ist bereits nach neun Uhr am Abend, aber die Straßen sind gut gefüllt. Viele Ausländer, Flüchtlinge und offensichtlich von der langen Wirtschaftskrise gezeichnete Griechen begegnen uns auf unserem Weg. Der Stadtteil hat in den vergangenen Jahren etwas von seinem Charme eingebüßt, obwohl er nach wie vor bunt und lebhaft ist. Es wirkt jedoch teilweise hier und da verlassen, etwas heruntergekommen und abgehängt, wie Lavrion nach dem Ende des Bergbaubooms. Die typischen Mehrfamilienhäuser des Athener Viertels sind in die Jahre gekommen. Viele sind in keinem besonders gepflegten Zustand. Auch das Haus, in dem Adrianas Eltern wohnen, hat seine besten Jahre scheinbar hinter sich. In einem verbeulten, kleinen Aufzug, der eher an einen winzigen Förderkorb als an einen Fahrstuhl erinnert, fahren Adriana und ich in den sechsten Stock und überraschen ihre Eltern mit meinem spontanen Besuch. Es ist eine Begrüßung voller Herzlichkeit und Wiedersehensfreude, immerhin sind einige Monate vergangen, als wir uns das letzte Mal alle gemeinsam im Sommer gesehen hatten.

»Mama, was gibt›s zu essen, ich habe Hunger!« Adrianas Magen knurrt bedenklich, doch ihre Mutter enttäuscht sie.

»Hätte ich gewusst, dass ihr kommt, hätte ich gekocht. Jetzt haben wir nichts da. Wir bestellen schnell was«, sagt sie und hat bereits einen Flyer ihrer Bestelltaverne zur Hand. Schnell tippt sie die Nummer ins Telefon und gibt umgehend die Bestellung auf.»Es dauert etwa eine halbe Stunde«, sagt Adrianas Mutter, nachdem sie aufgelegt hat.

»Oh nein, ich sterbe!«, ruft Adriana und verschwindet im Bad, um sich frisch zu machen.

»Setzen wir uns an den Kamin«, sagt Adrianas Mutter zu mir und ergänzt mit einem Galgenhumorgrinsen:»Du siehst, wir leben hier zwischen Armut und Silber. Nichts zu essen im Haus, aber alles voller Edelsteine.« Wir setzen uns an das wärmende Feuer des offenen Kamins und erzählen unsere Neuigkeiten während Adrianas Vater ein Tellerchen mit kleinen Käsehäppchen bringt und uns beiden ein Glas Rotwein eingießt. Nach einer Weile hören wir aus dem Nebenzimmer Adrianas Bauch.

»Das Magenknurren wird lauter.«

»Adriana ist unausstehlich, wenn sie Hunger hat.« Wir lachen, als es gerade an der Tür klingelt und gleichzeitig mit dem Läuten ein ohrenbetäubender Schrei aus dem Badezimmer dringt: »Ah, Essen!«, brüllt Adriana, stürmt an uns vorbei und reißt die Tür zum Hausflur auf, wo der verdutzte Essenslieferant fast vor Schreck die Tüte fallen lässt.

Als wir kurz darauf alle gemeinsam am gedeckten Tisch sitzen, lässt sich Adriana nicht lange bitten. Ausgehungert wie ein Silberminensklave von Lavrion nimmt sie vom leckeren und frischen Tavernenlieferessen. Es gibt Kontosoúvli – Fleisch vom großen Drehspieß –, Kokorétsi – gebratene Lamminnereien, Souvlákia – kleine Schweinefleischspießchen – und dazu Tsatsiki, frittierte Kartoffelscheiben, Brot und einen sündhaft leckeren Tomatensalat, den Adrianas Mutter noch schnell selbst in die Schüssel gezaubert hat. Von Adriana ist nun nichts mehr zu hören, sie konzentriert sich auf das Essen.

An Adrianas Vater gewendet sage ich halb im Ernst, aber mehr im Spaß: »Vielleicht solltest du den Zahnarztstuhl noch nicht verkaufen. Wie wäre es denn, wenn Adriana auch Zahnschmuck entwirft. Du könntest ihn dann direkt im Atelier einbauen. So eine Art Werksverkauf. Ich habe gelesen, dass kleine Schmucksteine und Zahnreliefs gerade ziemlich angesagt sein sollen. Rihanna, Katy Perry, Miley Cyrus und Co. tragen das jetzt scheinbar alle und lassen sich ständig damit ablichten. Ist total in!«

Adrianas Mutter runzelt die Stirn. »Wenn man nicht weiß, wohin mit seinem Geld, dann klebt man sich Diamanten auf die Zähne. Ja, gute Idee.« Pause. »Wenn man zu viel Geld hat!«, sagt sie dann in einem wundervoll ironischen Ton. Wir müssen lachen. Und mir wird klar, dass es vielleicht im Moment keine so gute Geschäftsidee für Griechenland wäre, wenn Adriana Zahnedelsteine anfertigen würde. Vielleicht sollte sie es stattdessen mit Eulen und Drachmen versuchen.

Zum Abschied drücke ich Adriana herzlich und wünsche ihr ganz viel Erfolg bei der Messe. Zahnschmuck wird sie erstmal nicht entwerfen, aber ihre Kollektionen aus Silber und Labradoriten werden hoffentlich die Kundschaft verzaubern. Auch mich hat dieser Stein schwer beeindruckt, und ich muss unwillkürlich an etwas denken, das eine ältere Griechin eines Tages zu mir sagte: »Ich brauche nicht viel, brauche keinen Luxus, keine Diamanten oder Perlen. Aber den Blick auf das Meer, den brauche ich wie die Luft zum Atmen.« Und ich nehme mir einen Labradorit mit nach Hause.

Marinierte »Silbersardellen«
Γάυρος μαρινάτος

Adriana ist eine leidenschaftliche Esserin. Sie liebt gutes Essen und gute Gesellschaft. Aber noch mehr liebt sie Silber. Für sie habe ich dieses Rezept »erfunden«. Zugegeben, es ist nicht ganz neu, denn »gávros marinátos« ist in Griechenland eines der beliebtesten Mezédes. Aber als »Silbersardellen« wurden sie meines Wissens noch nicht bezeichnet. Vielleicht, weil diese marinierten Sardellen mindestens eine Silbermedaille verdient hätten!

Zutaten:
  1 kg frische Sardellen (Küchenfertig, filetiert), ca. 300 g grobes Meersalz
  Für die Marinade: 400 ml guter Essig (z.B. Apfel, Limone oder Calamansi), 400 ml Olivenöl, 1 feingewürfelte rote Chilischote, 1 feingewürfelte Knoblauchzehe, 1 EL Zitronenabrieb, 1 EL kleingehackte Rosmarinnadeln, 10 schwarze Pfefferkörner

Zubereitung:
  Sardellenfilets in eine Auflaufform legen, mit dem groben Salz bedecken und ca. eine Stunde ruhen lassen.
  Marinade: In einer große Schüssel Olivenöl, Essig, Zitronenabrieb, Rosmarin, Chili und Knoblauch zu eine homogenen Masse schlagen. Die Sardellenfilets unter reichlich, kaltem Wasser abspülen, abtropfen lassen, mit Küchenpapier abtrocknen und anschließend in die Marinade legen. Bei Zimmertemperatur für etwa 8 Stunden ziehen lassen. Fertig!

Tipp:
  Am besten schmecken die Sardellen, die man selber geangelt hat. Diese zu säubern ist keine große Kunst. Ich benutze hierfür

eine Schere, schneide der Sardelle den Kopf ab und ziehe dabei die Eingeweide direkt mit heraus. An der Unterseite des Fisches schneide ich die Bauchflossen ab. Jetzt kann man von innen, etwa in der Mitte des Fischchens, die Mittelgräte vom Fleisch lösen und bis zur Schwanzflosse herausziehen. Es bleibt ein sauberes, »aufgeklapptes« Filet. Wenn alle Fische filetiert sind, wasche ich sie sorgfältig unter kaltem Wasser ab.

»Gávros marinátos« ist der ideale Begleiter zum Ouzo-Mezé. Man kann die Sardellenfilets auch, nach dem sie mariniert wurden, in Sonnenblumenöl einlegen. So halten sich im Kühlschrank bis zu zwei Monate. Wichtig ist dabei, dass die Filets immer komplett mit Öl bedeckt sind. Dieübriggebliebene Marinade kann, zum Beispiel für einen mediterranen Salat weiterverwendet werden.

9

TAMARISKEN, TRÄUME, T-SHIRTS
Über das neue Salz der Modesuppe

Náfplion. Die erste Hauptstadt des modernen Griechenland ist eines meiner Lieblingsziele für einen gemütlichen Spaziergang am frühen Abend. Wenn sich die Sonne langsam hinter die umliegenden Berge der Region Argólis auf der Peloponnes senkt, tauchen sich die kopfsteinbepflasterten Gässchen pittoresk in bunte Farben und die bereits tagsüber lebhafte Stadt scheint endgültig aufzuwachen. Zahlreiche Cafés, Bars, Restaurants und Tavernen, Eisdielen, Schmuckgeschäfte, Boutiquen und Souvenirshops locken dann Touristen ebenso scharenweise an, wie die Einheimischen, die zu ihrer abendlichen »volta«, dem obligatorischen Spaziergang, aufbrechen. Die Straßencafés sind im Sommer überfüllt, vor den Tavernen locken junge, gutaussehende Kellner die Touristinnen in ihre jeweils besten Restaurants und zwischen all dem toben Kinder unter den schattenspendenden uralten Platanen auf dem zentralen Syntagma-Platz. Sie spielen Verstecken, spielen mit Puppen oder Bällen oder sie staunen über die neuesten bunten und blinkenden Plastikspielsachen der fliegenden asiatischen Händler.

Nur wenige Meter vom Syntagma-Platz entfernt war mir im Sommer ein interessantes neues Geschäft auf der Staikopoulou-Straße aufgefallen und ich hatte beschlossen, bei einem meiner nächsten Besuche in Náfplion einen ausführlichen Blick hinein zu werfen. »Armiriki« steht auf ästhetisch hochwertig gestalteten Lettern auf dem

Schild über dem Eingang. Armiriki, so heißt die Tamariske auf Griechisch.

Dieser Strauch oder Baum, von dem es zahlreiche unterschiedliche Formen gibt, ist in Griechenland nahezu überall anzutreffen. Seine kleinen, feinrippartigen, schuppenförmigen Blätter sind oft nur einige Millimeter groß. In den Sommermonaten begeistert die Tamariske mit ihrer Blütenfülle in Weiß und Rosa. Ihr Alleinstellungsmerkmal ist jedoch ihre ausgeprägt hohe Salz-Toleranz. Selbst extrem salzhaltige Böden und eine salzhaltige Luft machen ihr nichts aus, und von extremer Trockenheit bis hin zu Überflutungen ist die Tamariske eine wahre Überlebenskünstlerin. Daher ist sie nicht nur rund um das Mittelmeer, sondern sogar in den Wüsten Afrikas einer der wichtigsten Bäume.

Viele griechische Strände sind mit Tamarisken gesäumt, teilweise reichen die Bäume bis ins Meer hinein. An den Küsten und Stränden des Salzwassers scheiden die Blätter ein salzhaltiges Sekret aus, weshalb das Holz des Baumes nicht sehr geschätzt ist. Es verbrennt aufgrund des hohen Salzgehalts einfach nicht gut. Doch schon die alten Ägypter hatten eine andere Eigenschaft des Holzes entdeckt. Sie nutzten es als Baumaterial und für die Herstellung von Holzkohle. Aber nicht nur das: Schon Homer hatte über die Heilkunst der alten Ägypter berichtet und erwähnt, dass sie die pharmazeutische Wirkung vieler Pflanzen erkannt hatten. Ihre Erfolge in der medizinischen Behandlung waren in der gesamten damaligen Welt bekannt. Und die Tamariske, die nicht nur am Mittelmeer heimisch war, sondern auch als typische Nilpflanze galt, wurde von den Ägyptern als Heilmittel eingesetzt. Die Blätter, Früchte und Zweige des Baums wurden zum Beispiel gegen Entzündungen und zur Behandlung der Gefäße eingesetzt.[15]

Immer wenn ich an diesen Baum denke, habe ich das Bild der heißen Vulkanquellen auf der Halbinsel Méthana vor meinem geistigen Auge. Ich liebe es, dort direkt am Meer im warmen Vulkanheilwasser zu baden. An einer Stelle, an der sich das aus dem Erdinneren austretende Heilwasser in einem Natursteinbecken sammelt und so eine Art überdimensionierte Vulkanbadewanne füllt, stehen zwei knorrige alte Tamarisken. Wenn man in dieser Badewanne liegt und auf das Meer schaut, das direkt am Fußende der Wanne beginnt, spendet das dichte Blattwerk eine angenehme schattige Stelle am Kopfende. Bei ablandigem Wind ist die Heilwasseroberfläche dann oft mit den feinen Blätterfäden der Tamariske bedeckt. Kunstvoll zeichnen die Armirikia-Blättchen dann ihre abstrakten Formen und der Kurgast im Heilbecken gerät ins Träumen und Fantasieren. Ob sich das warme Heilwasser aus dem Tamariskenlaub einen besonderen Tee aufbrüht? Manchmal kommt es mir so vor, als wolle mir die Tamariske zurufen: »Greife zu Leinwand und Pinsel und halte deine Gedanken für alle Ewigkeiten in einem Gemälde fest!« Die Tamariske ist ein ganz besonders inspirierender Baum.

An einem Freitagabend im Winter betrete ich den kleinen Verkaufsraum von »Armiriki« auf der Staikopoulou-Straße 11 in Náfplion. Im Schaufenster sind die Kunstwerke ausgestellt und an der Wandseite finden sie sich auf Kleiderbügeln. Kunst von der Stange! Was zunächst nicht so recht zusammen zu passen scheint, entpuppt sich jedoch schnell als brillante Idee. Hinter einem kleinen Naturholztisch, auf dem sich die Kasse befindet, sitzt ein sympathischer junger Mann, der konzentriert in den Computer blickt. Als er mich sieht, springt er auf und begrüßt mich herzlich. Ich hatte mich mit Konstantínos

Kouvarás, einem der beiden Gründer und Geschäftsinhaber, hier verabredet. Der dunkelhaarige 33-Jährige hat ein ungemein freundliches Lächeln und er sprüht vor Tatendrang. Er kann es kaum erwarten, mir von der Geschäftsphilosophie von »Armiriki« zu erzählen.

»Hier, setz dich!«. Er holt mir einen Stuhl und wir setzen uns zwischen die bunten kunstwerkähnlichen T- Shirts. Konstantínos, der ursprünglich aus Athen kommt, hat nach seinem Ingenieurstudium in einem Bauunternehmen gearbeitet. Sein Masterstudium hat er 2008 in den USA beendet, aber schnell zog es ihn, trotz bester Jobchancen in Übersee, zurück nach Griechenland, nach Hause. Im Jahr 2013 lernte er seine heutige Frau Christína kennen, die auf der Insel Lefkáda geboren wurde und als Angestellte bei einer Bank arbeitete.

»Fast alle meine Freunde gingen während der Krise ins Ausland, um Arbeit zu finden. Christína und ich, wir wollten aber unbedingt hier bleiben. Zusammen in Griechenland. Das war unser Traum«, sagt Konstantínos und blickt glücklich durch die gläserne Ladentür auf den Syntagma-Platz von Náfplion, auf dem auch heute wieder zahlreiche Kinder mit ihren bunten Bällen Fußball spielen. »Wir wollten beide etwas Neues machen. Gemeinsam! Ich wollte weg aus Athen, eine Familie gründen. Und plötzlich sagt Christína zu mir: Machen wir T-Shirts!« Konstantínos lacht und schüttelt den Kopf, dann fährt er fort: »Bist du verrückt? Das habe ich zu Christína gesagt. Griechenland steckt mitten in der Krise und wir sollen T-Shirts machen? Das konnte nichts werden. Hab ich gedacht. Aber Christína war fest entschlossen. Und wir beide hatten eines gemeinsam: Wir wollten etwas aus Liebe für unser Land tun.«

Aus einer fixen Idee wurde schließlich mehr. Es sollten Kunstwerke entstehen, nicht einfach nur T-Shirts. Und

2015 ging es schließlich in Athen los. Konstantínos erzählt auch von den dunklen Anfangsstunden. Etwas voreilig und überhastet hatten sie damals ein Ladenlokal in der Hauptstadt angemietet. Es hat jedoch nie seine Türen geöffnet. Mit einer Crowdfunding-Kampagne hatten sie Geld gesammelt, um das Geschäft im Stadtteil Kerameikós, mitten im Herzen des antiken Zentrums, zu eröffnen. »Das ist damals schiefgegangen. Zum Glück!« Dadurch verfestigte sich bei Chrisína und Konstantínos die Überzeugung, dass es einer professionellen Vorbereitung bedarf, wenn sie erfolgreich sein wollen. Der Aufbau einer guten Markenidentität rückte in den Fokus. Und dann kam der Neustart.

»Wir hatten Instinkt, wir hatten einen guten Geschmack, den Blick für Ästhetik, aber das war es auch schon. Das Organisatorische rund um die Gründung eines Unternehmens war für uns Neuland. Wir fühlten uns wie ein Fisch außerhalb des Meeres und wir fingen praktisch bei null an. Wir mussten uns um alles kümmern. Zunächst einmal haben wir etwa ein Jahr mit den Vorarbeiten verbracht. Wir haben Kunstausstellungen besucht und uns im Internet auf die Suche nach passenden Künstlern gemacht. Das war richtig viel Arbeit.« Konstantínos wirkt beinahe erschöpft, jetzt wo er an die Anfangszeit zurückdenkt. Vieles hätten sie am Anfang falsch gemacht, ergänzt er, aber: »Wir wussten, dass wir klein sind. Und wir wollten beim Neustart von Anfang an das Beste. Unser Problem war, dass wir vom Marketing keine Ahnung hatten.«

In diese Phase gerät plötzlich eine weitere Wendung. Das junge Paar hatte vor einiger Zeit im Winter einen Ausflugs nach Náfplion gemacht und sich dabei sofort in die Stadt verliebt. Und so entstand bei Christína die zweite geniale Idee: »Wir ziehen um nach Náfplion!«, sagte sie eines Tages.

»Von einem Tag auf den anderen hatten wir beschlossen, in unsere neue Wahlheimat aufzubrechen.« Konstantínos blickt glücklich. Zuerst wurde jetzt in der ersten Hauptstadt Griechenlands das heutige Ladenlokal angemietet. Dann erst machten sie sich auf die Suche nach einer Wohnung. »Manchmal dachten wir, wir müssten auf der Straße schlafen. Aber zum Glück haben wir dann noch eine Bleibe gefunden. Und im Laden haben wir uns mit vollem Eifer daran gemacht, unseren sehnlichsten Wunsch zu erfüllen. Vom Fußboden bis zur Decke haben wir alles selber gemacht. Wir haben sogar alte Möbel restauriert und so aufbereitet, dass sie nun hier als formschöne Inneneinrichtung dienen.« Konstantínos zeigt auf den Kassentisch, auf das Regal an der Wand und die wunderschöne Kommode, auf der im Schaufenster die T-Shirt-Kunstwerke ausgestellt sind. »Und parallel zu dieser Mammutaufgabe mussten wir uns um die Werbung kümmern, um eine richtig gute Markenstrategie, die alles umfasst: von der Visitenkarte, über Taschen und Tüten, über Social Media und eine Internetseite bis hin zum Endprodukt. Wir wollten unbedingt die beste Qualität produzieren, daher wussten wir auch, dass wir entsprechend hohe Kosten haben würden. Deshalb war uns so wichtig, auf eine professionelle Markenstrategie zu setzen.« Konstantínos lehnt sich zufrieden zurück und lacht: »Wir Griechen sind traditionell nicht so gut darin, unsere Produkte richtig zu vermarkten. Diesen Fehler wollten wir jetzt nicht auch noch machen.«

Im Herbst 2015 fanden sie in Athen zwei junge und gleichzeitig bereits herausragende Designer und Marketingstrategen, die für die renommiertesten Werbe- und Designagenturen arbeiten. Die beiden kümmerten sich fortan um die Entwicklung einer Markenidentität für »Armiriki«. Sogar eine ganz eigene Schriftart wurde entwickelt, um das einzigartige der neuen Marke im Schriftbild darzustellen:

»TP Monosalt« – passend zum salzigen Armiriki-Baum.

```
TP MonoSalt
-
THE CURE
FOR ANYTHING
IS SALT
```

»Wir wollten die gleiche Qualität der Werbung wie McDonalds«, sagt Konstantínos, »›Armiriki‹ soll jedem ein Begriff sein. Den Namen hat sich übrigens auch Christína überlegt. Wir waren beide begeistert. Es klingt wie ein Spiel, mit den vielen i's. Leicht und spielerisch.«

»Und wie geht es voran mit eurem Marketing?«, frage ich Konstantínos. »Ausgezeichnet. Wir werden von Tag zu Tag bekannter. Manchmal werde ich sogar schon als Mister Armiriki angesprochen!«

Im März 2016 eröffnete schließlich das Geschäft im Herzen Náfplions. Im Sommer folgte dann der Onlineshop. »Es war eine verdammt anstrengende Zeit. Und dann lief das erste Jahr sofort super für uns. Trotzdem haben wir immer noch viele kleine Fehler gemacht. Aber wir haben auch dazu gelernt und jetzt befinden wir uns am Wendepunkt.« Mit der nächsten guten Idee will das junge Unternehmen expandieren und noch bekannter werden. Dazu wollen sie ein weiteres Gebäude anmieten und ein zweites Standbein soll entstehen, auch wenn die Kreditvergabe noch etwas hakt. Eine Expansion ist in Krisenzeiten eben kein leichtes Unterfangen. Doch Konstantínos und Christína haben es sich in den Kopf gesetzt:

»Wir wollen ein Art Museum. Das ›small armiriki life lab and museum‹. Das ist unser Traum«, sagt Konstantínos und schaut verträumt zur Decke.

»Ein Museum?«, frage ich ungläubig.

»Nicht nur. Schau mal, die Argólis und insbesondere die Gegend rund um Néa Kíos, hier direkt neben Náfplion, war einst ein wichtiger Produktionsstandort der griechischen Textilindustrie. Zahlreiche Nähereien gab es hier. Wir wollen zweierlei verbinden: Zum einen wollen wir die Produktion der T-Shirts, die bisher noch in Athen erfolgt, hierher holen. Zum anderen wollen wir die Geschichte der Textilindustrie in dieser Region zeigen. Dazu werden wir auch alte Maschinen aus dieser Zeit ausstellen. Hier in Náfplion soll man sich direkt vor Ort ansehen können, wie wir heute produzieren. Für unsere moderne Produktion haben wir bereits einige Maschinen aus Japan gekauft. Und das kombinieren wir mit dem kleinen Museum. Im 20. Jahrhundert kamen viele Einwanderer aus Kleinasien und nähten hier mit heimischer Baumwolle und Seide. Das ist eine gute Tradition dieser Region: Auch davon wollen wir erzählen.«

»Das passt gut zusammen, eure T-Shirts erzählen ja auch Geschichten«, sage ich.

»Genau. Wir produzieren hier und wir erzählen Geschichten aus und über Griechenland. Unsere Kunden sollen ein Stück von unserem Land kennenlernen und in die Welt hinaustragen.«

Auf ihrer Internetseite haben Konstantínos und Christína ein interessantes Instrument installiert, um zu zeigen, wie die T-Shirts Griechenland Stück für Stück weltweit bekannter machen. Eine interaktive Weltkarte, auf der man nachsehen kann, wer welches Shirt gekauft hat und wo es sich befindet. Die textilen Kunstwerke werden so systematisch erfasst – natürlich nur dann, wenn die Käufer dies auch wollen.

»Eure Weltkarte gefällt mir ganz besonders«, sage ich zu Konstantínos.

»Wir machen ja nicht einfach nur Shirts, sondern limitierte Kunstwerke. Jedes Motiv wird nur 300-mal produziert, und jedes Shirt wird fortlaufend nummeriert. So wie man es von nummerierten Kunstdrucken berühmter Künstler kennt.« Passend dazu werden die Shirts im traditionsreichen Siebdruckverfahren bedruckt, das unter anderem Andy Warhol regelmäßig für seine Kunstdrucke verwendete. Im Siebdruck können auch sehr detaillierte Grafiken gedruckt werden, und die Farben werden von der Baumwolle tief aufgesogen.

»Und ihr druckt tatsächlich nur 300? Was, wenn ein Motiv besonders gern gekauft wird?«, frage ich.

»Tja, dann ist das so. Bei 300 Stück endet die Geschichte. In Griechenland sagt man: Alles Gute endet eines Tages. Wir bei ›Armiriki‹ sagen: Die besten Sachen enden zuerst!«

Während Konstantínos noch spricht, habe ich mir ein T-Shirt für mich ausgesucht. Ich finde allerdings die richtige Größe nicht. Konstantínos sieht nach und enttäuscht mich kurz darauf. Leider gibt es dieses Shirt schon lange nicht mehr. Da habe ich mir wohl das Beste rausgesucht.

»Das passiert oft«, sagt Konstantínos. »Aber wenn ich den Kunden dann unsere Philosophie erkläre, finden sie das richtig gut. Inzwischen wollen sogar einige unsere Fehlproduktionen kaufen, oder Shirts, die im Schaufenster hingen und von der Sonne verblichen sind. Wir verkaufen diese seit kurzem zu einem reduzierten Preis. Auch die werden wir los. Und immer wieder kommen auch Kunden zu uns, die ihr T-Shirt wie ein Kunstwerk an die Wand hängen wollen.« Kurz entschlossen greife ich zu einem anderen Shirt, dessen Motiv mich spontan anspricht. Es ist aus derselben Reihe wie das, welches nicht mehr in meiner Größe zu haben ist. Das hellblaue Shirt, das ich jetzt vom Kleiderbügel genommen habe, passt mir wie angegossen. Im Spiegel sehe ich das Motiv auf der Brust und verspüre Sommerlust aufkommen.

»Wie findet ihr eigentlich die Themen für die einzelnen Shirts?«, will ich von Konstantínos wissen. Und er erläutert, was es bisher gibt: griechisches Kino der 60er Jahre, das Meer, Sprichwörter, meine Stadt und andere.

»Die Themenauswahl machen wir gemeinsam mit den Künstlern. Uns geht es darum, Themen zu finden, durch die man Griechenland kennen lernen kann«, sagt Konstantínos. »Armiriki« verstehe sich als eine Plattform für Künstler, auf der diese sich mit ihren ganz eigenen Erfahrungen, Erinnerungen, Gefühlen und Erlebnissen zu Griechenland entfalten können. Auch Konstantínos trägt viele Erinnerungen und die Liebe zu seinem Land im Herzen, und mit vollem Herzblut gibt er das alles weiter an seine Kunden. Mit künstlerischer Unterstützung. Konstantínos sagt: »Wenn du etwas Besonderes machen willst, musst du es von ganzem Herzen tun. Du musst deine Seele hineingeben!« Voller Stolz lächelt er, und zwar ausgesprochen sympathisch.

Stolz fühle auch ich mich, mit meinem ersten »Armiriki«-Shirt in den Händen. Konstantínos sagt: »Dieses Shirt hat Danai designt. Das Thema der Reihe, aus der es vier unterschiedliche Motive gibt, heißt ›divers in Náfplio: the triangle memories‹. Danai Gkoni kommt aus Náfplion, arbeitet aber als Künstlerin und Designerin in Athen. Du musst sie unbedingt kennenlernen. Sie ist eine ganz tolle Frau und eine großartige Künstlerin.« Ich spüre förmlich die griechische Seele in diesem echten Náfplion-Shirt. »Warte!«, sagt Konstantínos. »Ich packe es dir ein. Jedes unserer T-Shirts bekommt seinen eigenen festen Schubkarton. Hierin kannst du es im Schrank aufbewahren, aber nicht nur das: Leg alles dazu, was dich an dein

T-Shirt erinnert. Sammele deine eigene Geschichte in diesem Karton!«

»Das ist schon wieder so eine tolle Idee von euch. Das gefällt mir. Ich werde mein nächstes Buch darin aufbewahren und die vielen Notizen zu diesem Kapitel«, antworte ich Mister Armiriki. Und vielleicht lege ich ja auch einige Tamariskenzweige mit in die Schachtel. Aber eine scheinbar naheliegende Frage will ich noch loswerden: »Habt ihr eigentlich auch über eine Themenreihe zur Krise nachgedacht?«

»Das wollen wir ganz bewusst nicht«, antwortet Konstantínos wie aus der Pistole geschossen. »Wir wollen fröhliche, leichte Bekleidung herstellen, die gute Laune macht. Es ist wie mit dem Armiriki-Baum. Christína hat mal gesagt: ›Fast jeder in Griechenland hat eine Erinnerung an einen Tag unter einem Armiriki. Der Sommer, coole Dinge, Ruhe oder Schlaf.‹ Das wollen wir sein, und nicht negativ. Von der Krise haben wir alle mehr als genug hier in Griechenland.«

Ein wunderbares Schlusswort. Während ich mich für diesen Tag herzlich von Konstantínos verabschiede, kommt Lydia durch die Tür. Die junge Mitarbeiterin hat heute Spätschicht und erscheint bestens gelaunt und voller Glanz in den Augen. Sie scheint stolz darauf zu sein, für dieses neue, aufstrebende Label arbeiten zu dürfen. »Armiriki« ist auf dem besten Weg zu einer festen Marke: klein, fein, erstklassig, innovativ, ästhetisch und jederzeit herzlich. Eben 100 Prozent »Made in Greece«.

»Euch einen schönen Abend, grüß deine Frau und kümmere dich jetzt um euer Baby«, sage ich zum Abschied zu Konstantínos. Er hatte mir verraten, dass sie trotz der unmenschlichen Anstrengungen, die die Gründung von »Armiriki« mit sich brachte, sogar auch noch Eltern geworden sind. »Na sas zisei!« (– Lang soll es leben!), rufe ich ihm zu. Und er antwortet: »Eines ist mir ganz wichtig. Christína und ich, wir haben dieses Unternehmen gemeinsam gegründet. Meine Frau hat in einem Interview einmal gesagt: ›Armiriki ist ein Baum, der unter wirklich schwierigen Bedingungen überleben kann‹. Besser kann man es nicht ausdrücken. Ich glaube, gemeinsam können wir es schaffen!«

Einen Tag später bin ich mit Danai Gkoni, der Designerin meines ersten »Armiriki«-Shirts, in Athen verabredet. Ich bin gespannt, was sie mir erzählen will. Unser Treffpunkt ist das Athener TAF. Das pulsierende Kulturzentrum von The Art Foundation (TAF) besteht seit 2009 mitten im Herzen der Stadt. Hier finden regelmäßig Ausstellungen statt und man kann im TAF-eigenen Café chillen oder in der TAF-Bar kreative Cocktails schlürfen. Erst vor wenigen Tagen haben Danai und elf weitere Künstler hier einen weiteren Anlaufpunkt geschaffen: Gemeinsam haben sie das »CO12designers collective«[16] gegründet. Ich bin sehr gespannt, was mich dort erwartet.

Nur wenige Meter abseits der großen Touristenströme, die sich von der Metrostation Monastiraki über die Ifestou-Straße durch den Athener Flohmarkt drängen, gelangt man über die schmale Gasse der Normanou-Straße und dort durch einen düsteren Hauseingang in eine andere Welt. Im lichten Innenhof betrete ich einen Marktplatz der Künstler und Inspirationen. Bilder hängen an den Wänden, Skulpturen stehen hier und da herum oder hängen von der Decke und künstlerisch gestaltete Gebrauchsgegenstände begeistern die wenigen Touristen, die sich mit offen stehenden Mündern durch die Exponate bewegen. Vom Innenhof gelangt man auch in den Verkaufsraum des »CO12designers collective«, von wo aus man direkt wieder auf die Normanou-Straße hinaustreten kann.

In diesem urbanen Künstlerbiotop fühlt sich Danai sichtlich wohl und zuhause. »Hier arbeite ich also!«, sagt die 33-Jährige Künstlerin zu mir, die in Náfplion, Athen und Rotterdam Architektur und Kunst studiert hat. Seit 2013 lebt und arbeitet sie als Freelancer in der griechischen Hauptstadt. Hauptsächlich beschäftigt sie sich mit digitalen Illustrationen und Urban Collages. »Was genau sind deine Urban Collages?«, frage ich Danai.

Und sie erzählt mir, dass sie im Jahr 2012 mit diesen Collagen begonnen hat. »In einer Zeit, in der Griechenland schwer getroffen wurde von der Krise, mit tiefen Auswirkungen auf die Gesellschaft und somit auch auf das Bild von Athen.« In ihren Arbeiten der urbanen Collagen versucht Danai, den Zwiespalt aufzuzeigen, in dem sich die griechische Gesellschaft befindet: Hoffnungslosigkeit, Desillusion in einer schweren wirtschaftlichen und sozialen Krise. Athen als Dystopia, eine Stadt, mit extrem schlechten Bedingungen für das Überleben. Auf der anderen Seite soll die Hoffnung nicht aufgegeben werden, will man sich trotz aller Notlagen die gute Laune nicht verderben lassen. »Meine Kunstwerke sind pessimistisch, dystopisch und ironisch, unterhaltsam zugleich. Als Architektin interessieren mich die Dynamik der städtischen Entwicklung, der urban lifestyle und seine Ästhetik und die Freude des Zusammenlebens, aber auch die Isolation. Das versuche ich in meinen Arbeiten auszudrücken.«

»Und wie bist du zur Zusammenarbeit mit Konstantínos und Christína gekommen?«, frage ich.

Fröhlich plaudert Danai los. Beim Gedanken an ihre Heimatstadt Náfplion scheinen ihre Augen einen leuchtenden Glanz zu entwickeln. Die extreme Metropole hier, die lebenswerte Kleinstadt dort. Danai sagt:

»Ich bin eines Tages mal wieder durch die Gassen Náfplions geschlendert und da fiel mir der Laden auf, der offenbar kurz zuvor eröffnet hatte. Ich war neugierig und trat ein. Und genauso wie du, war auch ich sofort begeistert von der Gestaltung und der Idee hinter »Armiriki«. So habe ich mich als Künstlerin vorgestellt und meine Zusammenarbeit angeboten. Ich war eine der ersten Künstler mit denen »Armiriki« zusammengearbeitet hat und ich war die Erste, die sich persönlich im Laden sozusagen beworben hat.« Danai wirkt ein wenig stolz auf sich selbst und die Zusammenarbeit mit »Armiriki«. Gleich zwei künstlerische Serien hat sie für Konstantínos und Christína entworfen. »Divers in Nafplio« war die erste. Mit den vier Shirts der Reihe hat Danai die Themen Freiheit, Romantik, Nostalgie und Freude künstlerisch verarbeitet. Typische Dinge aus ihrer Heimat spielen dabei eine Rolle.

»Welches ist dein Lieblingsshirt?«, will ich wissen.

»Freiheit. Ganz klar!«, antwortet Danai ohne lang zu überlegen. Und ich muss unwillkürlich an den Schlachtruf der griechischen Freiheitskämpfer denken: »Eleftheía í thánato!« (– Freiheit oder Tod!) Nachdem Griechenland nach dem Fall des Byzantinischen Reiches im Jahr 1453 fast 400 Jahre unter osmanischer Herrschaft gestanden hatte, begann im März 1821 der Freiheitskampf der Griechen, und der Leitspruch »Freiheit oder Tod« war geboren. Fast auf den Tag genau 195 Jahre später eröffnete in Náfplion der erste »Armiriki«-Laden. In der Stadt, in der nach dem erfolgreichen Freiheitskampf schließlich im Jahr 1832 Prinz Otto von Bayern als König von Griechenland seinen Thron bestieg. Náfplion wurde seine erste Hauptstadt, eher er später den Hof nach Athen umsiedelte.

»Und dann haben wir ›Divers in Náfplio‹ fortgeführt«, reißt mich Danai aus meinen historischen Gedanken. »Mit ›the triangle memories‹ ging es weiter. In dieser Serie geht es um meine Erinnerungen an die Stadt. An meine Heimatstadt, das wunder-schöne Náfplion.« Und Danai gerät ins Träumen. Sie geht die vier Shirts dieser Serie durch: Für »peace of mind« läuft sie gedanklich noch einmal den Burgberg herab, lässt sich atemlos am Strand nieder und lässt die Seele baumeln. Oder das Modell »Spaß«: »Es war Sommer. Wir gingen zum Turmspringen am alten Leuchtturm. Wir sprangen ins Wasser, hielten uns immer zu zweit oder dritt an den Händen. Ich hatte jedes Mal schreckliche Angst. Aber ich konnte nicht aufhören, immer und immer wieder ins Meer zu springen ... Dann das Shirt ›Geheimnis‹: Der Syntagma-Platz war unser Spielplatz. Wir dachten uns Rätsel aus und versteckten die Lösungshinweise ringsum. Ich fand die Lösung des Geheimnisses hinter den Säulen. Und bevor du fragst: Mein Lieblingsmotiv aus dieser Reihe ist ›Überraschung‹. Ich erinnere mich noch ganz genau. Als ich Geburtstag hatte, hing mir mein Opa eine Schaukel in einen Olivenbaum. Es war die schönste Überraschung meines ganzen Lebens. Ich fing an zu schaukeln. So hoch, dass der Ast brach und ich auf den Boden fiel. Ich kann den Schmerz immer noch spüren.« Danai lacht und fasst sich an den Po. Sie wirkt in diesem Moment so frei wie ein Kind und so unbeschwert fröhlich.

»Und jetzt macht ihr hier in Athen mit ›CO12 Furore‹?«

Danai lacht wieder. Diesmal lauter. »Mal sehen, wir sind ja gerade erst gestartet. Am 7. Dezember 2017 war die Eröffnungsfeier unseres Ladens. Wir verkaufen dort unsere Kunstwerke. Bilder, Schmuck, Taschen, Gebrauchsgegenstände, Porzellan usw. Wir sind ganz unterschiedliche Künstler und präsentieren unsere Arbeiten. Man kann sie hier im Laden kaufen oder auch online. Aber: Wir haben Krise! Letztlich ist es für uns Künstler eher so eine Art Psychotherapie gegen die Depression. Viel Geld verdienen wir damit bisher nicht.«

An diesem Abend öffne ich noch einmal in Ruhe den exklusiv gestalteten Schubkarton, in dem sich mein »Armiriki«-Shirt aus der Náfplion-Erinnerungsreihe »the triangle memories« befindet. Es ist das Motiv »Spaß«. Ich lege alle meine Erinnerungen an Náfplion in die Box, springe vom alten Leuchtturm und tauche ins erfrischende Meer. Dann schiebe ich die Lade zu. Vor meinem geistigen Auge erscheint wieder die Tamariske am Strand und ich träume von fröhlichen Menschen, von Freiheit und Filótimo!

Salat mit Meerfenchel – Saláta Armiriki
Σαλάτα με κρίταμο

Nachdem ich von den beeindruckenden Bäumen und T-Shirts geschwärmt hatte, machte ich mich im Internet auf die Suche nach einem Rezept. Ich hatte die Vermutung, dass die Tamarisken essbar sein könnten. Und damit lag ich scheinbar richtig. Auf der griechischen Internetseite www.chefoulis.gr finden sich viele interessante Rezepte, unter anderem auch dieses hier. Erst später erfuhr ich, dass offenbar ein Missverständnis vorlag. Denn es handelt sich bei diesem Gericht nicht um einen Salat mit Tamariskenblättern, wie ich ursprünglich vermutete, sondern um einen mit Meerfenchel. Meerfenchel wird in Griechenland als Krítamo oder auch Almira bezeichnet. Kleine Fenchel werden deshalb Almirikia genannt. In diesem speziellen Fall scheint sich ein Buchstabenfehler ins Rezept geschlichen zu haben, denn in der Beschreibung ist von Armirikia die Rede. »Das ist ein Salat mit Meerfenchel, also mit Krítamo!«, hatte ein griechischer Freund zu mir gesagt. »Den Tamarisken-Baum kann man nicht essen, aber dieser Fenchel schmeckt vorzüglich, leicht salzig. Es fühlt sich an, als würde man das Meer essen!« Und so beschloss ich, dieses Rezept auch »Saláta Armiriki« zu nennen.

Zutaten:
  300 g Meerfenchel, 3 EL Kapern, 1 in Ringe geschnittene Zwiebel,
  Für die Vinaigrette: 1 zerdrückte Knoblauchzehe, 3 EL Zitronensaft, 6 EL Olivenöl, 1 TL frische gehackte Minze, Salz

Zubereitung:
  Die Blätter des Meerfenchels gut waschen, in einen Topf mit Wasser geben und etwa 25 Minuten kochen. Sobald die Blätter

weich sind, in ein Sieb geben und mit kaltem Wasser übergießen. Die zarten Blätter vorsichtig vom festen Stiel nach unten hin abziehen und diese in eine Salatschüssel geben. Kapern und Zwiebelringe hinzugeben.

Für die Vinaigrette in einem Mixer Olivenöl, Minze, Zitronensaft, Knoblauch und etwas Salz mischen. Die Vinaigrette über den Salat geben und gut vermengen. Kurz ziehen lassen.

Tipp:
Der Meerfenchel passt sehr gut zu Fisch und Meeresfrüchten!

10

WIE BOJEN IM MEER
Interview mit Stella Nikoletta Drossa

Die griechische Filmszene ist zwar nicht so bekannt wie diejenige in Hollywood, aber dennoch blickt der hellenische Film auf eine sehr bewegte Geschichte zurück. Der Film »Z«, der 1970 einen Oscar erhalten hat und der von der Militärdiktatur während der Junta-Zeit handelt, »Zimt & Koriander«, der die türkisch-griechischen Beziehungen beleuchtet, oder der weltberühmte »Alexis Sorbas«, der den Sirtaki ab den 1960er Jahren bis in die deutschen Wohnzimmer brachte, um nur einige Beispiele zu nennen. Auf ein gänzlich anderes Genre, das mindestens genauso spannend und hochaktuell ist, hat sich die in Nordrhein-Westfalen aufgewachsene und heute in Berlin lebende Griechin Stella Nikoletta Drossa spezialisiert. Die Produzentin und Regisseurin dreht Dokumentarfilme, und ihr Herzensprojekt feierte schließlich im März 2017 auf dem »19. Thessaloniki Dokumentarfilm Festival«

Weltpremiere: »Wie Bojen im Meer«[17]. Der Film begleitet über den Zeitraum von 2010 bis 2016 fünf junge Frauen um die 30 in Thessaloníki. Jede von ihnen ist – wie die Regisseurin – Tochter griechischer Gastarbeiter in Deutschland. Die fünf Frauen haben eines gemeinsam: Sie sind zurück in die Heimat ihrer Eltern gezogen. Nikoletta hingegen ist in Deutschland geblieben. Jetzt pendelt sie mit ihrer Kamera zwischen beiden Kulturen. Ihre Protagonisten in »Wie Bojen im Meer« erzählen authentisch von ihrer Suche nach dem Platz im Leben, mitten in der griechischen Wirtschaftskrise. Im Zeitraum von sechs Jahren begleitet Nikoletta das Leben der Frauen und fungiert als stille Beobachterin im Spagat zwischen deutschen und griechischen sozioökonomischen Wirklichkeiten. In intimen Porträts zeichnet sie ein ehrliches Bild der griechischen Situation. Ganz anders als jenes, welches zur gleichen Zeit in den deutschen Medien über Griechenland verbreitet wurde. In einer gemütlichen Tavérna treffe ich die Regisseurin zu einem Gespräch über ihren Film, die Krise in Griechenland und die Macht der Medien.

ANDREAS: Nikoletta, du bist mit deiner Schwester in Deutschland aufgewachsen. Eure Eltern waren die typischen Gastarbeiter im Ruhrgebiet. Wie war das für dich als junge Griechin in Deutschland?

NIKOLETTA: Ich bin mit der Gewissheit aufgewachsen, dass wir in Deutschland nur zu Besuch sind. Meine Eltern haben immer gesagt: Nächstes Jahr fahren wir nach Griechenland. Das ist das, was ich in Erinnerung behalten habe. Es hieß immer: Nächstes Jahr fahren wir nach Griechenland. Und im Jahr darauf hieß es immer noch: Nächstes Jahr fahren wir nach Griechenland. Es war dann immer doch noch nicht der richtige Zeitpunkt gekommen.

Aber was es mit mir gemacht hat, war, dass ich das Gefühl hatte, wir gehören nach Griechenland und nicht hierher nach Mülheim. Ich glaube auch, dass meine Eltern gesagt haben, dass unsere Heimat Griechenland ist und wir nur eine Zeitlang in Deutschland sein werden. Und deshalb haben meine Schwester und ich auch zweimal in der Woche Griechischunterricht genommen. Trotzdem wollten unsere Eltern, dass wir Kinder integriert sind. In Mülheim war unser Umfeld eigentlich nur deutsch. Zu Griechen hatten wir kaum Kontakt und wenn, dann war es der Bruder meines Vaters, der eine Deutsche geheiratet hatte. Also unser Umfeld war ziemlich deutsch. Und an was ich mich auch noch gut erinnere, ist, dass mein Vater einmal gesagt hat: Wir sind doch Ausländer. Und wir wurden damals in den 1980er Jahren tatsächlich so genannt. Ausländer.

Andreas: Deine Schwester ist zurück nach Griechenland gegangen, du lebst in Berlin. Viele Kinder griechischer Gastarbeiter sind »Pendler« geworden zwischen zwei »Heimaten«. Fühlst du dich heute als Griechin oder Deutsche?

Nikoletta: Das leidige Thema! Also ich denke, ich fühle mich eher als Griechin mit sehr, sehr viel deutschem Anteil. Es könnte auch sein, dass der deutsche Anteil sogar größer ist, aber mein Ursprung ist nun mal griechisch, das bleibt tief in meiner Seele verwurzelt. Aber ich lebe hier in Berlin, und ich lebe gerne hier. Ich mag auch so vieles in Deutschland. Und in Griechenland rege ich mich oft auf über Dinge, die mir missfallen. Trotzdem mag ich es natürlich und ich finde es schön dort. Es ist ein anderes Gefühl dort. Man läuft so leicht durch die Straßen. Ich habe das Gefühl, dort ist mein Gang leichter.

Andreas: Du sprichst auch plötzlich anders, wenn du über Griechenland redest.

Nikoletta: Entspannter!

Andreas: So euphorisch, so griechisch, nicht so typisch deutsch.

Nikoletta: Ja! Aber ich habe auch das Gefühl, dass dieses Leben nicht so real ist, dass man das nicht wirklich leben kann in Griechenland.

Andreas: Ich habe auch deshalb danach gefragt, weil ihr dann den Film gemacht habt. Sechs Jahre lang habt ihr fünf Frauen in Griechenland filmisch begleitet und herausgekommen ist ein wirklich starker Dokumentarfilm. Er vermittelt einen ungeschminkten, hautnahen Blick in das Alltagsleben während der Krise. Mitten in der Krise zeigt ihr Töchter griechischer Gastarbeiter in Deutschland, die in die Heimat ihrer Eltern zurückgekehrt waren. In »Wie Bojen im Meer« wanken die Gastarbeiterkinder zwischen Griechenland und Deutschland hin und her. Ich finde, auch das kommt in eurem Film gut zum Ausdruck.

Nikoletta: Ich wollte dieses »zwischen den Kulturen zu sein« zum Thema meines Films machen, weil es ja irgendwie auch meine Geschichte ist und ich mich lange gefragt habe: Wo gehöre ich hin? Aber die jungen Frauen, die ich gefragt habe, hatten alle gar keine Lust darüber zu reden. Für sie war das gar kein Thema mehr.

Andreas: Weil sie in Griechenland inzwischen wieder zu »echten« Griechinnen geworden waren?

Nikoletta: Ja, genau! Das Thema war für sie einfach nicht mehr aktuell. Und: Sie hatten gerade existenziellere Probleme, als über so ein »Luxus-Problem« nachzudenken.

Andreas: Wie hat es deine Schwester gesehen? Auch so?

Nikoletta: Absolut. Sie hatte es anfangs nicht leicht, brauchte erst viele Jahre, bis sie sich in Griechenland angepasst hatte. Und irgendwann hatte sie das Land dann von der schönen Seite erlebt. Und plötzlich darin gelebt. Dann wollte sie nicht mehr tauschen! Und noch einmal andersherum sich wieder anzupassen, dazu fehlte ihr einfach die Muße.

Andreas: In deinem Film spielt aber eine viel wichtigere Ebene die Hauptrolle, nämlich die ausufernde Wirtschaftskrise. Du hast einmal gesagt, der Titel eures Films spreche für die verlorene Generation. Die jungen Frauen aus dem Film schwimmen zwar frei im Meer, sind aber mit Ketten am Boden verbunden, kommen nicht vom Fleck. Eine Generation, die ihrer Visionen und Hoffnungen beraubt wurde. Hat die Krise deiner Meinung nach die griechische Leichtigkeit in Ketten gelegt?

Nikoletta: Ja. Das würde ich schon sagen. Es war jahrelang eine gefühlte Depression. Wenn ich früher zum Beispiel mit dem Bus gefahren bin, dann habe ich erlebt, dass sich alle Fahrgäste miteinander unterhalten haben. Mit der Krise hat sich das abrupt geändert. Plötzlich war jeder wie in sich selbst versunken. Beschäftigt mit den eigenen Problemen. Es lässt sich ja auch in Zahlen belegen: Die Selbstmordrate war früher die niedrigste in Europa, mit der Krise ist sie dramatisch angestiegen. Aber, und das ist eigentlich faszinierend, der Grieche lässt sich trotz allem nicht unterkriegen. Ihm ist es wichtig, sich mit seinen Freunden zu treffen, dafür verzichtet er lieber auf etwas anderes.

Andreas: Elefthería í thánatos – Freiheit oder Tod! Wie der alte Schlachtruf aus dem griechischen Freiheitskampf.

Nikoletta: Ja, genau das ist es! Irgendwann geht er raus, will seine Freunde treffen und seine Sorgen vergessen.

Andreas: Die Presse sprach im Zusammenhang mit deinem Film von einer »Langzeitstudie«, die den Verfall der griechischen Mittelklasse eindringlich zeige. Eine Sichtweise, die in der deutschen Berichterstattung kaum zu erkennen war. Die vielen, oftmals falschen Medienberichte zur Krise in Griechenland haben ein Zerrbild gemalt. Ihr versucht, es mit dem Film gerade zu rücken. Ihr zeigt die Realität beschreibend. Aber kann man überhaupt dieses Zerrbild wieder zurechtrücken?

Nikoletta: Ich glaube nicht (lacht). Die Leute, die sich von den Medien haben beeinflussen lassen, bekommst du gedanklich nicht zurück in die Realität. Dafür ist es zu spät, das sitzt so tief. So viele falsche Vorurteile im kollektiven Bewusstsein. Das habe ich in vielen langen Gesprächen erlebt und erfahren.

Andreas: Ist es ernüchternd, wenn man merkt, dass man mit seinem filmischen Anliegen nicht richtig durchdringt?

Nikoletta: Der Film spricht die Leute schon an, besonders die, die mehr hinterfragen. Bei ihnen wirkt er auch. Bei anderen leider weniger. Es ist schon erschreckend, wieviel Macht die Medien haben. Darüber denke ich oft nach.

Andreas: Ziehst du also wenigstens etwas Hoffnung aus dieser Erfahrung? Und glaubst du, dass es aufwärts gehen wird in Griechenland?

Nikoletta: Die Hoffnung gebe ich nicht auf. Ganz sicher nicht. Es ist unsere Aufgabe als Filmemacher, etwas aufzuzeigen. Einen anderen Blick möglich zu machen. Die Hoffnung, genau damit etwas bewirken zu können gebe ich niemals auf.

Andreas: Ein Plädoyer für den Blick aufs reale Leben …

Nikoletta: … das trotzdem nicht überall ankommt! Viele Leute sehen die jungen Frauen in meinen Film als Einzelfälle. Sie sagen dann: Ja, das ist tragisch, aber es sind eben nur diese Frauen, alle anderen Griechen sind faul, betrügen usw. Das ist, was falsche Medienberichterstattung in den Köpfen der Menschen bewirken kann. Das ist gefährlich. Ich muss aber auch sagen, dass es sich schon etwas zum Besseren verändert hat in Deutschland. Zu Beginn der Krise hieß es nur, Griechenland der Schuldensünder

Europas, Korruption und Fakeláki. Und alle sind darauf angesprungen, es wurde so sehr verallgemeinert und so Vorurteile geschürt. Inzwischen denken aber viele Menschen auch mehr darüber nach, wie es wirklich sein könnte. Das habe ich schon beobachtet, bevor wir den Film beendet haben.

Andreas: Man sagt ja, nach jeder Krise geht es irgendwann bergauf. Glaubst du, dass es auch in Griechenland bald wieder aufwärts geht?

Nikoletta: Ich erinnere mich an mein Religionsbuch aus dem griechischen Unterricht. Darin war die Geschichte von einem Bauern, der sieben ganz magere Kühe hatte. Eines Tages sagte Gott zu dem Bauern: Es gibt sieben magere Jahre, danach kommen sieben fette. Alles ist im Wandel. Ich glaube jedenfalls, dass es nicht schlechter werden kann.

Andreas: Die Situation in Griechenland ist teilweise immer noch dramatisch, das wird auch in eurem Film deutlich.

Nikoletta: Die Lebensbedingungen für viele sind während der Krise extrem schlecht geworden. Griechenland wurde ausgepresst wie eine Zitrone. Das Tafelsilber wurde verscherbelt. Jetzt kann es eigentlich nur noch besser werden.

Andreas: Die Griechen sind trotz allem immer lösungsorientiert. Es ist fast erstaunlich, wie ruhig es im Land geblieben ist. Ich denke, in Deutschland wäre es dramatisch geworden, hätte man vergleichbare Einschnitte hinnehmen müssen.

Nikoletta: Wir Griechen sind zusammengerückt. Kinder sind zum Beispiel wieder zu ihren Eltern gezogen, um Kosten zu sparen. Der Garten wurde neu entdeckt. Man baut sein eigenes Gemüse an. Ich freue mich jedenfalls, dass Herr Tsípras (der griechische Ministerpräsident – Anmerkung A.D.) gesagt hat, es braucht keine weiteren Hilfskredite für Griechenland. Das bewerte ich als eine positive Nachricht.

Andreas: »Wie Bojen im Meer« ist ein Film, Made in Greece, über Griechen, über Deutsche, für Deutsch-Griechen und Deutsche. So bunt und leicht, aber gleichzeitig trüb und schwer wie das Leben in Griechenland. Wenn du jetzt einen Film über dieses Land machen müsstest, was würdest am liebsten thematisieren?

Nikoletta: (überlegt …) Ich würde jedenfalls keinen Film über die Krise machen! (… und lacht)

Andreas: Nikoletta, ich danke dir für dieses Gespräch. Ich glaube, das war das passende Schlusswort. Von der Krise haben wir alle genug, aber euren Film können nicht genug Menschen sehen. Er ist eine faszinierende Langzeitstudie über das Alltagsleben in Griechenland während der Krisenjahre. Ich vermute, wir werden ihn irgendwann in einer Reihe mit »Z«, »Zimt & Koriander« und »Alexis Sorbas« nennen.

Souvlákia mit scharfem Reisnudelsalat
Σουβλάκια με καυτερή σαλάτα ζυμαρικών ρυζιού

Souvlákia, Gyros und Pita sind nicht erst seit der Krise besonders beliebt bei der jungen Generation. Wer es jugendlich-frisch mag, aber gleichzeitig eine vollwertige Hauptmahlzeit möchte, der kann sich an dieser spannenden Kombination probieren.

Zutaten:

4 Souvláki-Spieße, 250 g Asia-Reisnudeln, 100 g ungesalzene Cashew-Kerne, ½ kleingehackte rote Zwiebel, 1-2 EL Sesamkörner, 1 EL griechischer Orangenblütenhonig, 1 in kleine Streifen geschnittene Paprika (rot oder gelb), ½ Stängel Zitronengras, 1 TL Saté-Sauce, 1 TL Hoisin-Sauce, 1 TL Fischsauce, 1 TL Essig, 4-5 EL Olivenöl, Saft von einer Limette, 3 in dünne Scheiben geschnittene, frische Chilis (rot, gelb, grün), ½ Bund frischer Koriander, Salz, Pfeffer, 1 kleines rundes Pitafladenbrot

Zubereitung:

Während die Souvlákia auf dem Grill liegen oder im Ofen grillen, den Salat zubereiten: In einer großen Pfanne einen Hauch Olivenöl erhitzen und die Cashew-Kerne darin rösten. Honig und Zwiebel mit anbraten, Sesam einstreuen, für eine halbe Minute schwenken und den Pfanneninhalt beiseitestellen. In der noch heißen Pfanne Paprika und Zitronengras anbraten, mit Fischsauce löschen und auf kleiner Flamme einige Minuten köcheln lassen.

Zwischenzeitlich in einer Schüssel die Reisnudeln mit heißem Wasser übergießen und 7-10 Minuten garziehen lassen.

Dressing: In einen verschließbaren Becher Limettensaft, Olivenöl, Hoisin-Sauce, Saté-Sauce, Essig und kleingehackte Stiele des Korianders geben und kräftig schütteln, bis ein gleichmäßiges Dressing entsteht.

Reisnudeln unter kaltem Wasser abschrecken und in eine große Schüssel geben. Dressing und frischen Koriander dazugeben, salzen, pfeffern und ordentlich vermischen. Zum Schluss die zuletzt angefertigte Sauce, aus Paprika (Zitronengras entfernen) über den Salat verteilen, Chilis hinzugeben und mit den beiseite gestellten Cashew-Zwiebel garnieren.

Die Souvláki-Spieße separat dazu reichen. Das Pitabrot auf dem Grill oder in der Pfanne kurz anrösten und in Viertel-Stücke schneiden. Fertig!

Tipp:
Probieren Sie zu den Spießchen noch einen Klecks Tsatsiki. Himmlisch!

11

2-1-0, KLAPPE!
Die Videohelden von Spyrowood-Hills

Spyros Maltesos hat in Italien studiert. Doch seine Heimat Griechenland wollte er nicht für immer verlassen. Obwohl die Krise ihm und seiner gesamten Familie das Leben alles andere als leicht gemacht hat, sprüht Spyros vor Energie. Er lässt sich nicht unterkriegen. Und mehr als einmal habe ich zu ihm gesagt: »Spyro, eines Tages holst du den Oscar nach Athen!« Er lachte jedes Mal und verriet mir damals, dass er Fan eines Zitates von Walt Disney sei: »Es macht Spaß, das Unmögliche zu tun.«

Spyros Mutter erinnert sich, dass er schon als kleiner Junge nie die Videokamera aus der Hand gelegt hat: »Als er sieben Jahre alt war, hat mein Mann ihm seine Videokamera geschenkt. Seitdem filmt er ununterbrochen.«

In seinem Heimatdorf auf der Vulkanhalbinsel Méthana kennen alle den sympathischen und gutaussehenden jungen Mann, der sich schon für die Inseljugend engagierte, einen Verein gründete und viele Fotos und Videos für deren Facebook-Auftritt beisteuerte. Für Méthana war es ein Verlust, als er 2007 nach Bologna ging, um an der dortigen DAMS-Universität (Drama, Art and Music Studies) zu studieren. Der Studiengang wurde einst von Umberto Eco initiiert. In den 1970er Jahren. Und auf den Spuren dieses Genies studierte nun Spyros, über 30 Jahre später. Von 2007 bis 2012 belegte er den Studiengang »Sciences and Technologies of Visual Arts, Music, Entertainment and Fashion« mit dem Schwerpunkt Medien und Kino. Nach dem erfolgreichen Abschluss pendelte er noch häufig zwischen seiner Heimat und Italien, bevor er 2015 endgültig nach Griechenland zurückkehrte. In den Jahren seines Studiums unterstützten ihn seine Eltern, wo es nur ging. Die ganze Verwandtschaft ist stolz auf den smarten Jungen mit der Kamera, der schließlich sein Spielzeug zum Beruf machte. »Er wollte immer schon nur Videos machen. Und ich glaube, er hat die Kamera jeden Tag in der Hand gehabt«, sagt Spyros Mutter.

Mehrfach hatte ich Spyros und seine Eltern auf Méthana getroffen. Als er Anfang 2017 in Athen das »Project210« ins Leben rief, beschloss ich, ihn auch dort zu besuchen. Ich wollte mir vor Ort ein Bild davon machen, was genau es mit diesem Projekt auf sich hat. Der Projektname ist eine Anspielung auf die Telefonvorwahl 210 der griechischen Hauptstadt. Spyros und seine Freunde haben jedoch weder eine Telefonhotline gegründet, noch ein Callcenter eröffnet. Stattdessen spielt natürlich seine Kamera die Hauptrolle.

An einem sonnigen Wintermorgen mache ich mich auf zum vereinbarten Treffpunkt. Am Herodeon, dem Odeon des Herodes Atticus, einem antiken Theater am Fuße des Akropolis-Felsens in Athen, soll heute gedreht werden. Die Sonne lässt den Hügel, auf dem hoch oben erhaben der Parthenon-Tempel für die Stadtgöttin Pallas Athene thront, in einem satten goldenen Morgenlicht erstrahlen. Das perfekte Licht für einen aufstrebenden Filmemacher, denke ich bei mir, als ich über die kopfsteingepflasterte Dionysiou-Areopagitou-Straße in Richtung des Herodeon schlendere. Die Dezemberluft ist lau, die Sonne weiterhin kräftig und der tiefblaue Himmel lässt sogar einen Hauch von Sommer durch die Athener Gassen und die kurzen Hosen einiger britischer Touristen wehen, die auf dem Weg zur Akropolis sind.

Das Herodeon-Theater wurde der Stadt Athen von seinem Namensgeber Herodes Atticus im Jahr 161 n. Chr.

geschenkt. Es gilt als das älteste erhaltene Odeon überhaupt. In dem offenen Theater, das 5000 Zuschauer fasst, finden auch heute noch regelmäßig herausragende Kulturveranstaltungen statt. Ein Highlight ist das jährliche »Athen & Epidauros«-Festival, das in den Sommermonaten Zuschauer aus der ganzen Welt anlockt. Dann finden hier Theateraufführungen, Tanzveranstaltungen und Konzerte statt. Hier haben schon die ganz Großen gesungen: Míkis Theodorákis, Luciano Pavarotti, Frank Sinatra, Nána Moúskouri, Liza Minnelli, Maria Callas, María Farantoúri, Imani oder Sting, um nur einige zu nennen. An diesem geschichtsträchtigen Ort bin ich also mit Spyros, meinem Oscar-Kandidaten, verabredet. Er trifft sich heute hier mit George Perris zum Videodreh. Der Singer und Songwriter Perris wurde 1983 in Athen geboren und hat schon mit den Großen der griechischen Musik zusammengearbeitet. Mehrere eigene Alben hat er veröffentlicht und ist auf der ganzen Welt getourt. Ich freue mich, den »Griechischen Michael Bublé«, wie ihn die Medien gelegentlich bezeichnen, kennen zu lernen.

2-1-0: Mein Telefon klingelt, als ich in der Nähe des Herodeons bin. Spyros ist dran. Unser Dreh muss spontan abgesagt werden. Der für heute kurzfristig anberaumte Generalstreik trifft auch das Kamerateam vom »Project210«. Das Herodeon ist verriegelt und niemand da, der Einlass gewähren könnte.

»Komm wir treffen uns in Monastiráki. Das Wetter ist gut, trinken wir einen Kaffee in der Sonne«, schlägt Spyros vor. »Kennst du den Agias-Irinis-Platz? Da treffen wir uns oft mit unserem Team und besprechen die nächsten Projekte.«

»Ja, das finde ich. Dann bis gleich!« Ich lege auf und schlendere gemütlich weiter, lasse das Herodeon rechts liegen und folge der Apostólou-Pávlou-Straße, die sich ihren Weg um die antiken Ausgrabungen sucht und dabei zahlreichen Künstlern und fliegenden Händlern einen bühnenartigen Platz bietet, an denen sie ihre Arbeiten und Waren präsentieren können. Von handgemachtem Schmuck über Taschen, Geldbeutel, Lederwaren, Kinderspielzeug, bis hin zu Küchenmessern und Haushaltsgeräten wird hier fast alles feilgeboten. Dazu finden sich allerlei Knabbereien von Pistazien bis Sonnenblumenkerne und natürlich Salépi, das im Winter sehr beliebte traditionsreiche Milch-Gewürzgetränk, das in großen bronzenen Samowaren gekocht wird, die an riesige orientalische Ölkannen erinnern.

Von Thisseío aus spaziere ich an der antiken Agráa entlang, bis ich auf die Ermoú-Straße treffe, von wo aus es nur noch einen Katzensprung bis zum Treffpunkt mit Spyros ist. Angesichts des Generalstreiks ist der Agias-Irinis-Platz heute noch voller als sonst ohnehin schon. Und der kleine Blumenladen inmitten des Platzes schmückt diesen streikbedingten Feiertag. Bunte Weihnachtsbaumdekorationen glänzen ebenso in der warmen Wintersonne wie viele bunte Schnittblumen und Pflanzen in Töpfen. In den Straßencafés sitzen die jungen Leute in T-Shirts oder dünnen Pullovern in der Sonne. Im »Tailor Made« wird gerade ein Tisch frei und ich setze mich rasch in den Sonnenschein am Straßenrand mit Blick auf die Blumen und die angrenzende kleine Kirche. Rund um das Gotteshaus, nachdem der Agias-Irinis-Platz seinen Namen hat, reiht sich ein Café an das nächste, doch freie Sitzplätze sind ebenso wenig zu sehen wie Filmemacher Spyros. Ich bin froh, dass ich den letzten freien Tisch erhascht habe.

2-1-0: Mein Mobiltelefon piept und ich lese eine Nachricht von Spyros. Er verspätet sich um wenige Minuten, ich solle schon mal versuchen, einen Platz zu finden. Kein Problem, antworte ich ihm in einer schnellen Nachricht.

»Ich sitze schon und bestelle mir gleich einen Kaffee-Frappé.« Als ich das Telefon auf den Tisch lege, steht auch schon ein junger, dreitagebärtiger Hipster mit einem Tablett und einer kreativ gestalteten Getränkekarte in den Händen vor mir und fragt, was er mir bringen darf. »Einen Frappé, bitte!«, bestelle ich mein griechisches Lieblingsgetränk. »Mittelsüß mit Milch.« So, wie ich ihn seit fast 25 Jahren am liebsten mag. Damals, vor mehr als zwei Jahrzehnten, tranken fast ausschließlich die jungen Leute Frappé, die alten Männer tranken ihren Mokka aus kleinen Tässchen. Mit der Zeit hat sich der Frappé überall und generationenübergreifend etabliert, auch, wenn der traditionelle griechische Kaffee, der Mokka, natürlich nach wie vor das beliebteste Getränk im Dorfkafeneíon bleibt.

»Frappé haben wir leider nicht«, sagt der etwa 20-jährige Kellner, streckt mir die Karte entgegen und zählt dabei auf, was es hier zu trinken gibt: Espresso, Cold brewed coffee, Cappuccino, Freddo, Filterkaffee usw. Viele der Kaffees in der hauseigenen Mikrorösterei selbst geröstet.

»Ok, dann nehme ich einen Cappuccino Freddo«, sage ich schnell, und reihe mich mit meinem Getränk in die Alterskategorie der heute 15 bis 20-Jährigen ein. Spyros erscheint zeitgleich mit meinem Kaffee. Er bestellt einen »Flat white« auf Espressobasis aus der hauseigenen Röstung und dann begrüßen wir uns herzlich mit einer langen Umarmung. Wir hatten uns einige Monate nicht gesehen und nun sitzen wir endlich in Athen zusammen.

»Hier ist ein typischer Treffpunkt der Kreativszene«, sagt Spyros und ergänzt: »Mit unserem Filmteam sind wir oft hier und denken über neue Ideen nach.«

»Wie läuft es mit dem ›Project210‹?«, frage ich.

»Seit ich die Idee hatte und wir Anfang 2017 gestartet sind, läuft es jeden Monat besser«, sagt Spyros und strahlt stolz. Seine Idee, mit kleinen Reportage-Videos über Prominente, Künstler und interessante Leute aus Athen die Stadt besser zu vermarkten, hatte er einer kleinen Agentur angeboten. Diese hat ihn daraufhin sofort als Kreativdirektor angestellt, und er ist dort nun zuständig für »sein« Projekt.

Die Filmchen bezeichnet er als Dokumentationen des Alltäglichen. »Unsere Projekt-Videos sind reine Interviews, ganz ohne musikalische Untermalung. Der Betrachter soll sich in die Stadt hineinfühlen können. Du siehst das Interview, hörst die natürlichen Umgebungsgeräusche und bist so mitten drin im Geschehen. Wir verzichten ganz bewusst auf Filmmusik.« Man sieht Spyros an, dass er diesen Job liebt. Und er macht ihn großartig.

Das Projektteam besteht im Kern aus vier Personen, deren kreativer Vordenker Spyros ist. Hinzu kommen Studenten, die als Assistenten, Kameraleute, Beleuchter und ähnliches das Kreativteam unterstützen. Schon in seinem ersten Jahr hat sich »Project210« zu einer kleinen Marke etabliert. Auf rund 50 Interviews mit Künstlern, Musikern, Schauspielern und Gewerbetreibenden aus der Stadt kann Spyros inzwischen zurückblicken.

»Wir glauben, es gibt keine bessere Möglichkeit, eine Stadt und seine Menschen kennenzulernen als durch den Blick seiner Bewohner selbst. Es ist eine Art audiovisuelle Kartografie. So lassen wir die Menschen ihre Stadt selber vorstellen!« In den kurzen 3-Minuten-Videos kommen meist junge Leute zu Wort. Aufstrebende Musiker, Newcomer, Start-Up-Unternehmer. Authentisch schildern sie in den Videos ihr Leben in der Stadt, was sie tun oder noch tun wollen. Gerade der spezielle Fokus der jungen Filmemacher lässt Hoffnungen wachsen.

»Wir interviewen Leute, die tun, was ihnen Spaß macht. Die ihren Job lieben.« Damit geben sie auch den jungen Leuten Hoffnung, die durch die Krise schon oft als die

»verlorene Generation« bezeichnet wurden. In der Krise liegt auch eine Chance, das zeigen die Videos eindrucksvoll. Und Spyros ist sich sogar sicher, dass es heute einfacher geworden ist, mit guten Ideen etwas zu erreichen. »Früher brauchtest du entweder viel Geld oder gute Beziehungen. Heute kannst du mit richtig guten Ideen etwas erreichen«, sagt Spyros. Er und seine kreativen Köpfe lieben ihren Job und sie haben ständig neue Ideen.

»Wir starten gerade eine Reihe, die wir ›Die Straßen der Stadt‹ nennen.« Spyros deutet nach rechts und links, entlang der Gassen des Agias-Irinis-Platzes.

»In den kurzen Videos porträtieren wir die wichtigsten Straßen der Stadt«, ergänzt er. Es sind geschickt verknüpfte, aneinandergereihte Eindrücke eines Spaziergangs die gesamte Straße entlang. Am Beispiel der Athinás-Straße, die nur wenige Meter von unserem Café entfernt verläuft, erläutert Spyros die Idee: »Wir zeigen die Stadt, so wie sie ist. Ungeschminkt und authentisch. Wenn sich jemand das Video ansieht, fühlt er sich versetzt in die jeweilige Gegend.« Bei der Athinás-Straße geht es vom quirligen Omonia-Platz bis nach Monastiráki. Man sieht Uhrenverkäufer, die bunten Lotteriescheine an den zahlreichen Kiosken, den Peripteros, Vögel, die rund um die Markthalle in Käfigen zum Kauf angeboten werden, Touristen, die sich im Gedränge für einen Rempler entschuldigen, Instrumente, die auf der Straße verkauft werden oder alte Männer, die ihre Korbwaren feilbieten. Mit den Videos soll dem Betrachter eine echte Live-Perspektive verschafft werden. Ideal für Athen-Besucher oder solche, die sich über eine bestimmte Gegend der Stadt informieren wollen. Ein moderner Video-Stadtrundgang.

Auf meinem Mobiltelefon sehe ich mir die Straße an, die von Spyros und seinem Team in 45 Sekunden als erste porträtiert wurde: die Aiólou-Straße. Sie verläuft direkt vor den Türen der Filmemacherschmiede und vorbei am Agias-Irinis-Platz, auf dem ich mit Spyros sitze. Vom Omonia-Platz verläuft sie parallel zur Athinás-Straße bis hinunter zur Römischen Agorá. Die Aiólou ähnelt aber nur teilweise der Athinás, denn hier wechseln sich ruhige und hektische Abschnitte im Straßenverlauf ab. Fußgängerzonen verleiten zum entspannten Bummeln, während auf den für den röhrenden Athener Straßenverkehr freigegebenen Teilstücken ein lärmendes Chaos herrscht. Im Bereich der antiken Ausgrabungen ist es touristisch lebhaft und Straßenmusiker spielen auf ihren Akkordeons. Je weiter man in Richtung Omonia schlendert, desto uriger wird es. In die Jahre gekommene Barbiergeschäfte, gemütliche Straßencafés und stark frequentierte Kioske sorgen für ein vielstimmiges Durcheinander. Autos hupen, Tauben flattern und irgendwo klappert ein Salépi-Topf. Mopeds knattern an allen Ecken und dazwischen sitzen alte Männer in Kafeneíons und Tavernen an kleinen Tischchen auf dem Gehweg und lassen sich von den Straßenmusikern berieseln, die auf ihren Geigen, Trompeten, Gitarren, Tamburinen oder ausgedienten Töpfen spielen. Das Video gleicht einem belebten Wimmelbild. Überall gibt es zahllose Dinge zu entdecken. Es ist diese Lebendigkeit der Stadt, die Spyros so liebt. »Athen ist wie eine Theaterbühne«, sagt er. »So wie sich das Licht ändert, ändert sich auch die Szenerie. Und es gibt hier unzählige Bühnenbilder. Wir haben etwas, wofür uns viele Städte in Europa beneiden: die Vielgestaltigkeit.«

Auf dem Handy läuft noch einmal der Spaziergang über die Aiólou. Spyros blickt zufrieden aufs Display und sagt: »Als Straße gefällt mir am meisten die Dionysiou Areopagitou. Aber Videos drehe ich am liebsten auf den Plätzen im Zentrum. Dort, wo es Bäume gibt, Autos und viele Menschen, die für ein lebendiges Durcheinander sorgen.« Spyros lächelt zufrieden im Getümmel des Agias-Irinis-Platzes. Er hat ein Gespür für die richtigen Ecken seiner Stadt, die er für seine Videos perfekt zu inszenieren weiß.

Ob enge Gassen, breite Boulevards oder Ausgrabungsstätten, Athen hat ein einzigartiges Potential für Spyros Videokunst. Noch verdient er nicht viel mit seiner Arbeit, kommt gerade so über die Runden, aber er hat sich mit seinem Projekt ein stabiles erstes Standbein und einen Namen geschaffen. Jetzt ist er dabei, sich ein weiteres aufzubauen. Im Sommer 2017 hatte er eine Idee, die er nun unabhängig vom »Project210« umsetzt. Kleine Mini-Werbevideos unter dem Namen »Eínai Video« (– Es ist Video). Vor wenigen Wochen drehte er mit dem kommenden Superstar der griechischen Musikszene, der jungen Musikerin Pavlína Voulgaráki, den ersten Clip dieser Reihe. Die Facebook-Kommentatoren waren hellauf begeistert. Die Videos dieser Reihe leben von ihrem sehr kurzen, herumalbernden Stil. In 24 Sekunden schafften es Spyros und Pavlína gemeinsam vor der Kamera die Betrachter in ihren Bann zu ziehen, und mitten im Filmclip sagt Pavlína verführerisch lächelnd: »Am Freitagabend spiele ich im ›Stavrós tou Nótou‹.« In dem bekannten Musikclub, nicht weit vom Herodeon entfernt im Stadtteil Néos Kósmos gelegen, haben sie auch dieses Video gedreht. An den Wochenenden kommen die etablierten Größen und die kommenden Stars der griechischen Musik hierher und präsentieren ihre Lieder live auf der Bühne.

»Es ist Video« kommt beim internetfreudigen Publikum der Athener Szene gut an. Und schon hat Spyros zahlreiche weitere Videos kreiert. Für eine Kaffeehauskette, für einen Streetfood-Laden oder ein neues Nagelstudio. Die eigene Homepage *www.einaivideo.gr* hat er bereits nach kurzer Zeit online gestellt. Dort finden sich nicht nur die »Es ist Video«-Clips, sondern auch die vom »Project210«, Filme einer Reihe, die sich »Eating-around« nennt, Clips der SpyFest-Reality-Comedy, sowie Live- und Backstagematerial. Für den filmischen Tausendsassa Spyros dreht sich eben das ganze Leben um die Kamera.

»Ich nenne mich nicht Filmemacher, sondern Videomacher«, sagt Spyros. »Alles ist Video!«, ergänzt er ernst. »›Eínai Video‹ zeigt das. Egal ob im Café oder in der Oper, es gibt keine Unterschiede. Was wir machen ist eigentlich keine Werbung, sondern Real Life. Es ist eine völlig neue Art. Witzig soll es sein, lustig und ehrlich. Ich will auch die Fehler zeigen.« Spyros nippt an seinem hippen Kaffee und ich sehne mich nach einem guten Frappé.

»Eímaste Video?«, frage ich Spyros. »Sind wir Video?« Und wir lachen gemeinsam in die warme Winterluft auf dieser Athener Real-Life-Bühne. Vielleicht ist es sogar Real-Life-Comedy.

»Und dann hab› ich noch eine Idee«, ergänzt Spyros jetzt wieder ernst und konzentriert. »Ich will dir noch nicht zu viel verraten, aber das könnte die Theaterwelt revolutionieren.« Gespannt lausche ich seinen lebhaften Erzählungen, als mich ein junger bärtiger Hipster vom Nebentisch anspricht. »Hey, pass auf dein Handy auf!«, ruft er mir plötzlich laut zu.

»Meinst du mich? Wieso, was ist los?«

»Der Typ da vorne ist jetzt schon das zweite Mal hier vorbei geschlendert und schaut immer ganz interessiert auf dein Telefon. Leg es besser zur Seite!«

»Okay, mach ich. Danke!«, sage ich und frage mich spontan, ob dieser Kerl, der angeblich mein Handy hatte stehlen wollen, nicht vielleicht einfach nur versucht hat zuzuschauen, als wir Spyros Video auf meinem Mobiltelefon angesehen haben. Spyros, der kurz innegehalten hatte, erzählt jetzt wieder von seinem Theaterprojekt.

»Stell dir vor, was das mit der Szenerie macht!«, sagt er und bittet mich gleichzeitig, noch nicht zu viel zu verraten. Es wäre zu schade, wenn jemand diese Idee klauen würde.

Einen Tag später bin ich außerhalb von Athen unterwegs.

2-1-0: Mein Telefon klingelt, Spyros ruft an. »Komm schnell, wir drehen jetzt gleich mit Perris.« Eigentlich mag ich die Spontanität der Griechen, doch dieses Mal ärgere ich mich, dass ich es nicht so schnell zurück zum Herodion schaffe. So muss ich Spyros und Perris leider absagen. Einige Tage später sehe ich mir das Video auf Spyros Facebook-Seite an. Es ist ein Videozwerg aus der »Eínai Video«-Reihe. Ein Zwerg bezüglich der Lauflänge, ein Riese jedoch, wenn man die Leistung betrachtet. Vermutlich wäre Umberto Eco stolz auf diesen jungen griechischen Absolventen seines Studiengangs, der der Krise trotzt und mit pfiffigen Ideen Athen bereichert. An diesem Abend schaue ich mir auf www.project210.gr auch die anderen Videos an, die ich noch nicht kannte. Und ich muss wieder an das Walt Disney-Zitat denken: »Es macht Spaß, das Unmögliche zu tun.« Abenteuer, Alltag und Krise in Griechenland eben.

Hackfleischröllchen mit Reis
Σουτζουκάκια με πιλάφι

Das ist Spyros Lieblingsgericht, und das Rezept hat seine Mutter Aspasia mir freundlicherweise verraten. Ich bin sicher, es wird noch andere begeistern.

Zutaten:
Für die Soutsoukákia:
500 g Rinderhackfleisch, 5-6 feingehackte Knoblauchzehen, ½ TL Cumin, ¼ TL Zimt, ¼ TL Muskatnuss, 1 pürierte Zwiebel, Olivenöl, frisch gemahlener schwarzer Pfeffer, Salz, 1-2 EL Mehl, 1 Brötchen oder ein Stück Weißbrot, 150 ml Rotwein

Für die Tomatensauce:
500 g gehäutete und gewürfelte Tomaten, 1 feingehackte Zwiebel, 2 feingehackte Knoblauchzehen, 250 ml Rotwein, 1 TL Tomatenmark, 1 TL Zucker, 1 Zimtstange, 3-4 Pimentkörner, 2-3 Gewürznelken, 3-4 EL Olivenöl, schwarzer Pfeffer, Salz, Mehl zum Bestäuben

Zubereitung:
Vom Brot die Kruste entfernen, für ca. 20 Minuten in den Rotwein einlegen und das Brötcheninnere auswringen. Hackfleisch und Zwiebelpüree in eine große Schüssel geben, mischen und einige Minuten ziehen lassen. Cumin, Zimt, Muskatnuss, Olivenöl, Pfeffer, Salz und Mehl untermischen, gut kneten und für 1/2 Stunde zugedeckt im Kühlschrank ruhen lassen.

Aus der Masse längliche Soutsoukákia formen, in eine Auflaufform legen und leicht mit Mehl (Maismehl oder Weizenmehl) bestäuben. In einer Pfanne in Olivenöl von allen Seiten leicht anbraten.

Für die Tomatensauce: In einem sehr großen Topf Zwiebeln und Knoblauch in Olivenöl anschwitzen. Tomatenwürfel und Tomatenmark mit anbraten und danach mit Wein löschen. Zucker, Zimtstange, Pimentkörner, Gewürznelken, Pfeffer und Salz hinzugeben, etwas Wasser aufgießen und kochen lassen.

Gebratene Soutsoukákia in die Tomatensauce geben und auf kleiner Flamme köcheln lassen, bis die Soutsoukákia weich und die Soße schön sämig geworden ist.

Tipp:
Soutsoukákia mit Reis servieren.

12

VON WILDEN KRÄUTERN UND SATYRN,
VON SÜßEN NYMPHEN UND GEWÜRZEN
Mythologisch hervorragende Wilddüfte

Die beiden Damen in den besten Jahren greifen sich eine Serviette vom Nebentisch, mir den Stift aus der Hand und Blondine Chará schreibt bereits, als die elegante grauhaarige Katerína in ihrem so typisch fröhlichen Tonfall munter drauflos erzählt: »Dieses Soufflé wird dir gefallen! Chará ist eine wirklich gute Köchin und dieses Rezept ist auch ganz einfach nachzukochen.« Obwohl es sommerlich heiß ist, die Sonne noch hoch am Himmel steht, bekomme ich mit jedem weiteren Wort, das Chará auf die Papierserviette kritzelt, mehr Hunger. Frischer Spinat, verschiedene Sorten geriebener Käse, fein duftender Oregano, ein Hauch Muskat. »Und Dill!«, ruft Katerína und klopft dabei bestimmend mit einem Zeigefinger auf den Tisch. Schon ergänzt Chará: »1 Bund des Gurkenkrauts« auf der Zutatenliste des Rezepts auf der Serviette. Ich stelle mir vor, wie es in der Küche duften wird, wenn die frischen Zutaten in den Ofen wandern. Mein Magen knurrt und die Damen lachen. »Hoffentlich kannst du ihr Gekritzel auch lesen«, sagt Katerína und brüllt ihr ansteckendes Lachen heraus.

Perikles läuft gerade an uns vorbei: »Was ist denn hier los?«

»Lorbeerblätter aus deinem Garten brauchen wir auch!«, ruft Chará ihm konzentriert entgegen.

»Sie schreiben mir Rezepte auf«, sage ich, deute auf meinen Bauch und ergänze: »Ich glaube, ich muss etwas essen. Ich hab' jetzt wirklich Hunger!«

»Irini hat ›Fisch Savory‹ gemacht. Musst du probieren! Das hat sie schon lang nicht mehr gekocht«, sagt Perikles und blickt in mein fragendes Gesicht. »Was ist das?« Und ich erfahre, dass es kleine gebratene Fische sind, die mit Kräutern und Gewürzen in einer leichten Tomatensoße sauer eingelegt werden. »Irini kocht das nicht so oft, aber heute hatte sie echtes Throúmbi zur Hand. Es passt perfekt zu einem Glas Weißwein.«

Ich hatte noch nie »Fisch Savory« gegessen. Und was wohl dieses Throúmbi ist, frage ich mich. Davon hatte ich auch noch nie gehört. Chará sieht meinen fragenden Blick und lacht: »Du kannst nicht alle unsere Kräuter und Gewürze kennen, es sind zu viele!« Und Katerína ergänzt: »Weißt du, während der Eiszeit ist in Europa fast alles erfroren. Aber in Griechenland haben sehr viele Pflanzenarten überlebt, weil es hier nicht so eisig wurde. Und so haben wir heute eine einzigartige Pflanzenwelt in Griechenland. Wahrscheinlich macht uns kochen deshalb so viel Spaß. Es wird nie langweilig mit diesen unzähligen Kräutern und Gewürzen.«

Während wir in der sommerlichen Hitze sitzen, erzählt Katerína ausführlich über die griechische Pflanzenwelt, die sich aufgrund der besonderen geografischen Lage eine spezielle Fülle erhalten hat. Während in weiten Teilen Europas aufgrund der mehrfach aufgetretenen Eiszeiten zahlreiche Arten ausgestorben sind, überlebten südlich des Balkans viele Pflanzen. Experten beziffern die Vielfalt heute auf rund 20.000 Arten. Mehrere hundert davon sollen endemisch sein, also ausschließlich in Griechenland vorkommen. Nachdem in der Geschichte der Zivilisation die ursprüngliche mediterrane Hartlaubzone durch weitflächige Abholzungen ausgedünnt wurde, wichen Laubwälder den heute so weit verbreiteten Strauchformationen. Die Macchia, die heute typisch für den gesamten Mittelmeerraum ist, gibt zahlreichen Kräuterpflanzen ein ideales Wuchsland.

»Und scheinbar hat hier auch dieses Throúmbi überlebt«, sage ich in die Runde und frage: »Was für ein Gewürz ist es denn eigentlich?«

»Hier auf der Peloponnes kommt es sehr zahlreich vor und auch auf Kreta«, sagt Katerína und erläutert, dass es besonders bei herzhaften kleinen Mezédes, den Vorspeisen, gerne verwendet wird. Ebenso findet es bei Fleischgerichten aus dem Backofen und in Marinaden Verwendung. »Ich mag es sehr zu überbackenen Krabben!«, sagt Katerína und blickt hungrig in Richtung Küche. »Es ist geschmacklich irgendwo zwischen Oregano und Thymian. Du kannst es auch zu unserer traditionellen Bohnensuppe, der Fasoláda geben. Gerade jetzt in der Krise essen wir sehr viel Hülsenfrüchte und Gemüse und nur wenig Fisch und Fleisch, denn das kann man sich nur selten leisten. Aber dank unserer einzigartigen Gewürze haben wir immer etwas Leckeres auf dem Tisch, auch wenn es ein ganz einfaches Gericht ist.«

Perikles unterbricht uns plötzlich bei unserer Fachsimpelei über die griechische »Krisenküche«. Er schiebt mir einen duftenden Teller Fische unter die Nase. »Guten Appetit!«, ruft er mir zu und eilt weiter. »Na, dann iss erstmal! Chará schreibt dir in der Zwischenzeit noch ein paar Rezepte zum Nachkochen auf«, sagt Katerína. Und ich antworte: »Aber bitte mit Throúmbi!«

Die »Fische Savory« waren großartig. Leicht und lecker liegen sie in meinem Bauch, als ich nach dem Essen beschließe, es den Frauen nachzutun und mich für den obligatorischen Mittagsschlaf am Nachmittag zurückzuziehen. Schon dem Hirtengott Pan soll die Siesta heilig gewesen sein. Man sagt, wer ihn in seiner Mittagsruhe stört, der wird es mit panischer Angst zu tun bekommen. Na dann kalón ýpnon, einen guten Schlaf!

Trotz der Mittagsmüdigkeit kann ich jedoch nicht einschlafen. Dieses Throúmbi geht mir noch im Kopf herum und ich recherchiere auf dem Bett liegend im Internet. Schnell entdecke ich, dass Throúmbi zur Pflanzengattung der Bohnenkräuter gehört, wissenschaftlich Satureja genannt. Allerdings umfasst diese Gattung eine schier unendliche Breite verschiedenster Kräuter. Mit dem Bohnenkraut, das meine Oma immer in die Bohnensuppe gegeben hat, hat das griechische Throúmbi wohl eher wenig zu tun. Wikipedia zählt alleine 38 verschiedene Arten von Satureja auf. Dabei heißt es ausdrücklich, dass es »etwa« so viele Arten gebe. Als Heimat von Satureja hellenica wird natürlich Griechenland angegeben. Doch es finden sich auch weitere Arten, die hauptsächlich im Mittelmeerraum vorkommen, wie das Sommer-Bohnenkraut (Satureja hortensis) oder das Winter-Bohnenkraut (Satureja montana).[18] Gerade diese Arten werden jedoch auch in Deutschland als Gewürzpflanzen großflächig angebaut. Ich gehe also die alphabetische Auflistung von A bis Z durch und bleibe bei T hängen. Dort steht »Thymbra-Bergminze« (Satureja thymbra). Thymbra, Throúmbi … ich erahne einen Zusammenhang und sehe mich weiter im Internet um.

Auf einer deutschsprachigen Internetseite finde ich Satureja thymbra als »Thymianblättriges Bohnenkraut«. Weiter heißt es dort, dass es eine »Staude mit stark duftenden, schmalen Blättern und dichten Trauben aus leuchtend rosa Blüten« sei.[19] Auf einer Seite über die wilden Kräuter Kretas[20] finde ich zahlreiche gute Hinweise auf dieses sehr spezielle Kraut, das dort als Winter-Savory bezeichnet wird. Bei dieser handele es sich um eine wildwachsende Art, die bereits seit der Antike verwendet wird. Mit ihren Blüten und Blättern wurden aufgrund ihrer antibakteriellen Wirkung schon damals Infektionen bekämpft und Lebensmittel haltbar gemacht. Zahlreiche griechische Internetseiten berichten ausführlich über Satureja thymbra. Dort wird sie auch als eine für die Imkerei sehr wertvolle Pflanze beschrieben, deren Blüten die Bienen magisch anziehen. Und auch die antiken Weinbauern waren offenbar begeistert vom Throúmbi. Sie gaben es dem Wein zu oder nutzten es, um die Weinfässer vor dem Befüllen mit einer Throúmbi-Lösung zu reinigen. Die alten Kreter wiederrum gaben die Blätter dem traditionellen Schafskäse bei, wenn dieser in Salzlake eingelegt wurde. Und die Römer der Antike benutzten es angeblich als Aphrodisiakum.

Es wird immer spannender und plötzlich entdecke ich, dass Satureja seinen Namen von den Satyrn der Mythologie erhalten haben soll. Der Historiker und Fachschriftsteller Plinius soll für die Namensgebung verantwortlich gewesen sein. Er entdeckte die Verbindung des Krautes zu den Begleitern des Gottes Dionysos. Dionysos' Schergen, die Satyrn, waren menschlich-tierische Mischwesen mit Bockfüßen, die auf antiken Vasenmalereien häufig mit dauersteifen, übergroßen Penissen dargestellt wurden. Auch Pan, der ebenso ein Mischwesen mit Ziegenfüßen war, umgab sich mit ihnen. Die Satyrn waren das Pendant zu den Nymphen und somit das Symbol für den männlichen Sexualtrieb. Dionysos, der Gott der Trauben, der Freude, der Fruchtbarkeit, des Wahnsinns und der Ekstase hielt sich eine ganze Horde dieser triebhaften Wesen. Und da Bohnenkraut seit der Antike als Aphrodisiakum geschätzt wurde, werden die Satyrn vermutlich deshalb mit dem so genannten Ithyphallus, dem »aufrechten Phallus«, dargestellt, und zwar meist mit deutlich unmenschlichen Größen. Mit dem nach diesen Riesenpimmeln tragenden Satyrn benanntem Kraut, würzt noch heute die tapfere deutsche Hausfrau ihre dicken Bohnen.

In Deutschland ist es, wie bereits erwähnt, meist die einjährige Art Satureja hortensis, die einst ausgerechnet von Benediktinermönchen über die Alpen zu uns gelangte. Ebenso wie die aphrodisierende Wirkung, die allen Arten des Krautes zugesprochen wurde, gelten auch heute noch alle Arten als förderlich für die Verdauung und hilfreich gegen Blähungen. Mein Opa jedoch sagte gerne den Satz: »Jedes Böhnchen gibt ein Tönchen.« Ob Oma doch kein Bohnenkraut verwendete? Oder ist etwa das in Deutschland angebaute nicht so wirksam?

Müde lege ich den Tablet-Computer beiseite und tauche umgehend in einen würzigen Schlaf, der Pan zufrieden lächeln lässt. Es duftet nach Lavendel, nach Jasmin, Zimt und Koriander, nach geräuchertem Paprikapulver und Anis. Urplötzlich steht ein Satyr vor meinem Bett. Pferdeohren, Stupsnase und Füße eines Ziegenbocks. In der Hand hält er einen an der Schwanzflosse gepackten, formschönen Wolfsbarsch, und quer durchs Zimmer ragt des Wesens Ithyphallus. Was will der Satyr von mir? Habe ich ihn entehrt, als ich ahnungslos vom »Fisch Savory« gegessen habe? Die Zimmertür fliegt auf. Poseidon betritt die Bühne. Mit nassen Füßen, als sei er eben erst dem Meer entstiegen. In der Hand hält er seinen beeindruckenden Dreizack, an dem noch Algen hängen. Er blickt grimmig und sein muskulöser Arm holt weit aus, um den Spieß jeden Augenblick mit voller Wucht in Richtung des Wolfsbarschs zu schleudern. Der Dreizack schießt los, fliegt knapp am Fisch vorbei und trifft stattdessen… Ich sitze plötzlich schweißgebadet in meinem Bett. Beim Abwurf des Dreizacks hatte ich mich instinktiv zur Seite geworfen und wäre beinahe aus dem Bett gefallen. Was für ein absurder Traum. Ich muss lachen.

Die griechischen Kräuter und Gewürze interessieren mich seitdem noch mehr. Einige Tage später schlendere ich über den Wochenmarkt. Scheinbar nicht enden wollende Obst- und Gemüseberge füllen die Marktstände über mehrere hundert Meter die Straße entlang. Irgendwo zwischen Brokkoli und Zwiebeln hat sich ein sehr alter Mann mit einem winzigen Klapptisch zwischen zwei Markthändler mit ihren riesigen Ständen gedrängt. Beinahe hätte ich ihn zwischen den meterhoch aufgetürmten Wildgemüsehaufen übersehen. Des Greises Auslage ist überschaubar. In der Mitte des Tischchens erhebt sich ein Häufchen Oregano, aus dem er bei Bedarf mit einem Weinglas das Gewürz nach beliebiger Menge individuell abfüllt. Drumherum liegen bereits abgepackte kleine Tütchen mit verschiedenen Gewürzen, die mit kleinen handbeschrifteten Etiketten beklebt sind. Lorbeerblätter, Dill, Thymian, Salbei, Muskatnüsse, Zitronenverbene und …

Der alte Mann erschreckt fast, als ich urplötzlich und blitzschnell zu dem einzigen Tütchen greife, auf dem in krakeliger Handschrift »Θρούμπι« steht. Throúmbi!

»Das brauche ich unbedingt!«, rufe ich ihm zu und er strahlt glückselig und grinst verschmitzt.

»Ja, mein Junge, das ist gut!«, sagt er und ich reiche ihm sein Geld entgegen.

Zurück in Deutschland koche ich in den nächsten Wochen viel mit den zahlreichen mitgebrachten griechischen Gewürzen. Auch »Fisch Savory«. Mit dem Throúmbi des alten Mannes gelingt es perfekt. Von Méthana hatte ich mir reichlich wilden Oregano mitgebracht, aus Perikles Garten Lorbeerblätter und dazu Throúmbi vom Markt. Jetzt packt mich der Ehrgeiz und ich will eigentlich nur noch Kräuter und Gewürze verwenden, die in Griechenland angebaut oder wild gesammelt werden. Als ich im Herbst im Internet nach griechischen Gewürzen suche, entdecke ich den perfekten Shop. Und wenige Wochen später bin ich in Athen mit Evangelía verabredet.

Evangelía Koutsovoúlou hat aus ihrer Leidenschaft zum Kochen ein junges, aufstrebendes Unternehmen gegründet. »Daphnis and Chloe«[21] vertreibt weltweit Gewürze der allerbesten Qualität. In Athen hat das Unternehmen seinen Sitz nur einen Steinwurf von der Akropolis entfernt in der Erechtheiou-Straße. Dort veranstalten sie in ihrem Studio für interessierte Kunden auch Gewürzverkostungen. Ich habe noch etwas Zeit bis zu unserem vereinbarten Treffen und so schlendere ich im Spätherbst durch die sommerlich wirkenden Straßen im Stadtteil Koukáki. Viele Gassen sind gesäumt mit Bitterorangenbäumen, deren tiefrote Früchte sich knallig vor dem königsblauen Himmel abzeichnen. Hier und da liegen herabgefallene Früchte auf den Gehwegen und verbreiten ihren saftigen Duft. »Daphnis und Chloe« gefällt mir als Name für Evangelías Unternehmen, es passt irgendwie zu der Natürlichkeit dieses gemütlichen Athener Viertels.

Zur vereinbarten Zeit erreiche ich das Ladenlokal und Büro. Durch die Schaufensterscheibe sehe ich zwei junge Frauen, die um einen großen Tisch stehen, eifrig diskutieren und Dinge in Kartons verpacken. Als ich eintrete, kommt Evangelía auf mich zugelaufen und begrüßt mich herzlich und fröhlich lächelnd. »Schön, dass du vorbeikommst. Wir haben dich schon erwartet«, sagt die 33-Jährige, räumt eine Ecke an dem großen Tisch frei und bietet mir erst einen Sitzplatz und dann einen kretischen Bergtee an. Ihre Mitarbeiterin stellt sich ebenfalls vor und man spürt, dass eine harmonische Betriebsatmosphäre herrscht. Kaum steht die Teetasse vor mir, durchströmt ein ausgesprochen aromatischer Duft den Raum und verbessert das ohnehin schon wunderbare Klima zusätzlich.

»Ich zeige dir erstmal unsere Gewürze«, sagt Evangelía und sucht aus verschiedenen Schränken und Kisten die unterschiedlichen Kräuter zusammen. Dann kommt sie mit einem großen Tablett zu mir an den Tisch und die Gewürzprobe beginnt. Mehrere kleine Gläser mit Schraubdeckel, hochwertig gestaltet und kreativ etikettiert, stehen vor mir.

»Fangen wir damit an! Es ist eines unserer meistverkauften Produkte.« Evangelía schraubt ein Glas Bukovo auf, geräucherte Chiliflocken. Sie werden aus einer speziellen griechischen Sorte einer roten Chili-Spitzpaprika hergestellt, die aus der Gemeinde Almopía stammen. Die zentralmakedonische Region im Nordwesten des Landes ist berühmt für ihre Paprikaspezialitäten und jedes Jahr im Herbst wird dort das Bukovo in einem speziellen Verfahren hergestellt, wofür die Chilis über einen Zeitraum von drei Wochen mit Birkenholz geräuchert werden. »Unsere Kunden lieben es, besonders die Männer«, sagt Evangelía und ergänzt: »Es hat einen kräftigen Rauchgeschmack, der perfekt zur milden Schärfe der Chili passt.« Schon alleine das Riechen am Glas erinnert an eine gelungene Grillparty. Fein rauchige Aromen entströmen den glutroten Chiliflocken. Doch ich kann mich gar nicht lange am Geruch erfreuen, denn Evangelía hält bereits das nächste Gewürz in den Händen. Es ist das griechische Nationalgewürz schlechthin: Oregano. Es fehlt auf keinem Souvláki oder Kotelett und jeder griechische Bauernsalat wird mit ihm verfeinert. In Griechenland gibt es rund 40 verschiedenen Arten.

»Wir haben drei Varianten Oregano im Angebot. Probiere zuerst das hier!«, sagt Evangelía und gibt bereits einige getrocknete Blättchen auf einen Probierteller. »Dieser hier stammt von der Peloponnes. Er wächst auf den wilden Bergen des Taígetos Gebirges. Eine der besten Gegenden für Oregano überhaupt.« Ich zerreibe einige Blättchen zwischen den Fingern und sofort entrinnt ein unverwechselbar intensives und feines Aroma. »Das hier hat überhaupt nichts mit dem Oregano zu tun, den man bei uns im Supermarkt kaufen kann«, sage ich zu Evangelía. Sie lächelt wissend und erzählt, dass Oregano der Auslöser für die Gründung ihrer Firma war. Die gelernte Journalistin Evangelía lebte und arbeitete einige Jahre in Mailand, bevor sie den Schritt in die Selbständigkeit wagte. Kochen war immer ihrer Leidenschaft und auch in Italien wurde natürlich viel Zeit in der Küche verbracht. Ein italienischer Freund war damals völlig verrückt nach dem griechischen Oregano und brachte Evangelía auf die Idee, ihn nach Italien zu importieren. »Das hat mich inspiriert und 2014 habe ich dann meine Firma gegründet.«

»Der Oregano als Start-up-Beschleuniger«, sage ich. »Deshalb hast du auch gleich mehrere Varianten im Angebot?«

»Ja. Wir haben ihn auch als ganze getrocknete Strünke.« Evangelía deutet auf ein Glas, in dem sich kleine getrocknete Ästchen mit Blättern und Blüten daran befinden. »Und dann haben wir noch einen Oregano von der Insel Amorgós.« Diese Sorte wiederum fasziniert mich mit einem blumigen Aroma. Der hohe Anteil ätherischer Öle lässt einen intensiven Duft im Raum entstehen, als ich den Inseloregano zwischen den Fingern zerreibe. Aufgrund der besonderen geografischen Lage, der extremen Sonne, dem nahen Meer und den speziellen Böden, hat der griechische Oregano bis zu 3o Mal mehr ätherische Öle als herkömmliche Supermarktware. »Du wirst gleich noch ein sehr viel intensiveres Geruchserlebnis haben«, sagt Evangelía und ergänzt: »Aber zuvor rieche mal an unseren Lorbeerblättern.«

Dáfni, wie der Lorbeer auf Griechisch heißt, darf natürlich nicht in der Mittelmeerküche fehlen. Er spielte schon in der Mythologie eine bedeutende Rolle, denn dort erhielt er seinen Namen nach der Bergnymphe Daphne. In eben dieses hübsche Wesen hatte sich Apollon verliebt, der Gott des Lichts, der Heilung, des Frühlings, der sittlichen Reinheit und Mäßigung, der Weissagung und der Künste. Daphne jedoch missfiel Apollons Drängen und so bat sie schließlich ihren Vater um Hilfe, der seine Tochter daraufhin als Sicherheitsmaßnahme in einen Lorbeerbaum verwandelte. Dieser wurde fortan von Apollon aufs Höchste verehrt.

»Ist Dáfni deshalb Teil deines Firmennamens, benannt nach dem ehrwürdigen Lorbeer? Und wer ist eigentlich Chloe?«, frage ich Evangelía.

»Nein«, sagt sie und lacht. »Es hat überhaupt nichts mit Lorbeer zu tun. Und wir sind auch nicht zu zweit. Viele Leute denken zwar, dass die Firma von zwei Leuten geführt würde, aber es ist meine eigene. ›Daphnis und Chloe‹ ist nach einer Geschichte aus der Antike benannt. Kennst du die nicht? Ich wollte einen frischen Namen, der etwas mit Natur zu tun hat und gleichzeitig nicht so griechisch folkloristisch klingt. Daphnis und Chloe kam bei allen Freunden gut an, und so war der Name der Firma geboren.« Ich erinnere mich plötzlich an den spätantiken Liebesroman, im Stil einer bukolischen Dichtung, einer Hirtengeschichte. Der griechische Schriftsteller Lóngos hat ihn im 3. Jahrhundert auf seiner Heimatinsel Lésbos geschrieben, die auch Schauplatz der Geschichte um die Findelkinder Daphnis und Chloe ist. Ich hatte die Geschichte zwar noch nicht gelesen, aber davon gehört, dass die Natur darin eine besondere Rolle spiele. Und als bukolisch werden auch idyllische Landschaften bezeichnet. Sehr passend für Evangelías jungen Gewürzhandel.

Spontan beschließe ich, nun endlich einmal auch »Daphnis und Chloe« zu lesen.

»Unsere Lorbeerblätter wachsen in einer atemberaubenden Natur an der Küste des Ionischen Meeres«, unterbricht Evangelía meinen Gedanken. Sie hält mir ein faszinierend aromatisches Blatt unter die Nase. »Apollon wäre entzückt«, antworte ich voller Begeisterung. Die Gegend scheint derjenigen zu gleichen, in der sich Apollon in Dáfni verliebt hat. Beinahe überlege ich, mir einen Lorbeerkranz aus diesen überragenden Blättern zu basteln, doch Evangelía unterbricht diesen Gedanken.

»Und jetzt machen wir weiter. Riech diesen umwerfenden Thymian!« Evangelía hält mir einige wilde Thymianblüten hin, deren typisch markanter Duft außerordentlich intensiv in meine Nase dringt. Als nächstes gibt sie einige Fenchelsamen auf meine Handfläche. »Von der Insel Euböa. Er wächst dort ganz hervorragend«, sagt Evangelía. »Ja, das hatte mir auch schon mal ein Ouzoproduzent erzählt«, antworte ich ihr und zermahle die Samen sachte mit meinen Fingern, während ich weiterspreche: »Er bezieht seinen Fenchel und Anis für den Schnaps ausschließlich von Euböa und er sagt, dort wächst der allerbeste Anis und der süßeste Fenchel.« Als sich der aromatische Duft des zerriebenen Fenchels im Raum verteilt, weiß ich, dass der Schnapsbrenner Recht hatte. Ein fulminanter Fenchel-Flavour legt sich wie ein Aperitif auf sämtliche Geschmacksinne und regt meinen Appetit an.

Als nächstes Gewürz reicht mir Evangelía echten griechischen Salbei aus Kreta, der sich vom herkömmlichen Salbei durch ein deutlich kräftigeres und sehr ausgeprägtes Aroma unterscheidet.

»Möchtest du noch eine Tasse Bergtee?«, fragte Evangelía und gießt bereits, ohne meine Antwort abzuwarten, ein. Der griechische Bergtee ist ein wahrer Gesundbrunnen und wurde bereits in der Mythologie als Getränk der Titanen erwähnt. »Den Tee haben wir natürlich auch in unserem Sortiment. Er wird für uns im Parnon Gebirge gesammelt. Außerdem haben wir verschiedene Kräuterteemischungen. Und wo wir gerade von Tee sprechen – jetzt kommt etwas ganz besonders Aromatisches. Halte mal deine Hand auf und dann zerreibe die Blätter vorsichtig.«

Evangelía gibt mir einige zarte Blättchen auf die Handfläche, die schon jetzt deutlich süß nach Pfefferminze duften. Wie verlangt, zerreibe ich die Blätter zwischen Daumen und Zeigefinger. »Wow!«, rufe ich überrascht. »So etwas habe ich noch nicht erlebt.« Eine Duftexplosion zwischen meinen Fingern und deutlich sichtbar sind meine Finger mit den ätherischen Ölen der getrockneten Pfefferminzblättchen benetzt. Es riecht, als hätte jemand ein Fläschchen konzentriertes Pfefferminzöl fallen lassen.

»Wir nennen es ›die süßeste Pfefferminze‹«, sagt Evangelía stolz. »Wir beziehen sie von den Hängen des Mínthi Berges.« Dieser Berg auf der Peloponnes ist nach der Wassernymphe Mínthi benannt, die in der griechischen Mythologie an ebendieser Stelle von Persephone in eine duftende Pflanze verwandelt wurde, die Pfefferminze. Und das, was Evangelía mir auf die Hand gegeben hat, ist wahrlich die süßeste von allen. »Das muss einfach die echte, wahre Pfefferminze sein«, sage ich zu ihr. »Aromatischer geht einfach nicht.«

Im Gewürzstudio riecht es inzwischen wie in einem Kräuterteebeutel. »Dein italienischer Freund hatte einen guten Riecher mit dem Oreganogeschäft«, sage ich zu Evangelía, die zufrieden strahlt.

»Ich war anfangs ja etwas skeptisch, aber wahrscheinlich sind wir Griechen nur einfach verwöhnt. Für uns sind gute Kräuter und Gewürze ja gar keine große Besonderheit. Vor der Firmengründung haben wir sorgfältig geprüft, ob das Geschäftsmodell funktionieren kann. Und wir haben festgestellt, dass man im Ausland ganz wild auf richtig gute Gewürze ist. 2017 haben wir übrigens sieben Preise gewonnen. Fünf Auszeichnungen in England und zwei in den USA. Unsere Produkte kommen offenbar auf der ganzen Welt ganz gut an.« Stolz zeigt sie eine Auszeichnung der US-amerikanischen »Speciality food association«. Bei den diesjährigen renommierten Sofi-Awards, die seit über 45 Jahren die weltweit allerbesten Produkte aus den Bereichen Essen und Trinken auszeichnen, belegten Evangelías Produkte in der Kategorie Gewürze auf Anhieb die Plätze 1 und 2. Gold für den Oregano aus dem Taígetos Gebirge und Silber für die wilden Thymianblüten. Absolut zu Recht, wie ich finde, denn es sind die aromatischsten Gewürze, an denen ich seit langem gerochen habe. Ich freue mich schon darauf, mit ihnen zu kochen. »Hast du eigentlich auch Throúmbi im Sortiment?«, frage ich Evangelía.

»Nein, Throúmbi habe ich nicht.« Noch nicht, wie sie ergänzt. »Schade.«

Bevor ich mich nach einer hocharomatischen und sehr interessanten Gewürzverkostung von Evangelía verabschiede, fülle ich meine Gewürzvorräte auf. Evangelía hat in Vorbereitung auf das Weihnachtsgeschäft eine Kollektion zusammengestellt. Sechs ihrer beliebtesten Produkte in einer hübschen Geschenkbox verpackt: die prämierten Gewürze Oregano und Thymian, sowie Bukovo, Fenchelsamen, Lorbeerblätter und Rosmarin. Damit steht einem perfekten Weihnachtsbraten nichts mehr im Wege!

Nach einer herzlichen Verabschiedung sage ich Tschüss und auf Wiedersehen zur Gewürznymphe Evangelía. »Und wenn ich das nächste Mal vorbeikomme, um Gewürze zu kaufen, dann kann ich dir sogar sagen, wie die Geschichte von Daphnis und Chloe weitergeht. Ich habe fest vor, diese Hirtengeschichte zu lesen.«

Wenige Woche später lese ich auch tatsächlich aus einem kleinen gelben Reclam-Heftchen die Geschichte der Findelkinder Daphnis und Chloe. Ich hatte schon viel über Bergnymphen und Wassernymphen gelernt, als ich die Gewürznymphe Evangelía in Athen besuchte, und nun sehe ich mich wieder mit zahlreichen dieser Wesen konfrontiert. Von Quellnymphen, Baumnymphen und Sumpfnymphen ist außerdem die Rede. Und auch der Hirtengott Pan fehlt nicht in dieser turbulenten Liebesgeschichte um den jugendlichen Hirten Daphnis und seine Begleiterin Chloe, zwischen denen sich die erste Liebe entwickelt. Die Szenerie auf den grünen, duftenden Weiden lässt den Leser eintauchen in eine würzige Landschaft mit Blumen, Kräutern und Bäumen. Der Autor selbst beschreibt sein Werk als Weihegeschenk für Eros, die Nymphen und Pan. Daphnis und Chloe lernen die Liebe kennen und das in einer Gegend voller Blumen, Bäume, Sträucher und Gewürze. Von Eichen, Lorbeer, Efeu, von Hyazinthen, Lilien und Veilchen.

Pan, der sich gerne mit Satyrn und Nymphen umgibt, lehrt Daphnis das Spiel auf seiner Flöte. Diese ist nach der Nymphe Syrinx benannt, die sich einst auf der Flucht vor dem wollüstigen Pan in Schilfrohr verwandelte. Aus diesem Rohr bastelte sich der geile Hirtengott seine siebenröhrige Pan-Flöte.

»Gegen die Liebe ist kein Kraut gewachsen«, lese ich im Reclam-Heftchen. Und Eros »verleiht den Seelen Flügel«. Nach einer aufregenden Odyssee mit Wein kelternden Satyrn im Auftrag des Dionysos, ersten zaghaften Küssen und leidenschaftlichen Umarmungen entdecken Daphnis und Chloe am Ende die wahre Liebe und sie verehrten bis an ihr Lebensende die Nymphen, Pan und Eros.

Evangelía hat einen wahren Glücksgriff getan, bei der Namensgebung für ihre Firma. Wer erst einmal erfahren hat, was echte Liebe ist, der will immer davon kosten. Für die Verehrer göttlicher Gewürze hält Evangelía einen bunten Strauß bereit, den sie mit Liebe für alle Köche dieser Welt zusammengestellt hat.

Bevor ich das Reclam-Heftchen zuklappe, lese ich den letzten Satz noch zwei Mal. Mit Evangelías Gewürzen ergeht es mir nun so, wie Chloe in der Geschichte mit ihrem Daphnis: »Und erst jetzt lernte Chloe, dass alles, was sie einst am Waldrande getrieben hatten, nur Hirtenspiel gewesen war.«

Spontan rufe ich Evangelía an: »Hey, ich habe ›Daphnis und Chloe‹ gelesen. Eine wunderbare Liebesgeschichte mit vielen Nymphen und Satyrn. Ich glaube, du musst unbedingt noch ein weiteres Gewürz ins Sortiment aufnehmen.«

»Ja? Und welches?«

»Throúmbi, Satureja. Das Kraut der Satyrn. Erst dann ist die Geschichte vollständig.«

»Ok, ich werde auf den Olymp steigen und Dionysos suchen. Ich hole das Throúmbi direkt von seinen Satyrn«, sagt sie und lacht.

Ich bin unsicher, ob es ein Spaß war, oder ob sie es ernst meint. Zuzutrauen wäre es ihr. Und die Goldmedaille wäre ihr damit für alle Zeiten sicher.

»Aber mal im Ernst«, sagt Evangelía. »Throúmbi will ich auch noch ins Sortiment aufnehmen. Aber es dauert noch eine Weile, denn ich will ja ein richtig gutes Throúmbi finden.«

Spaghetti Carbonara »Greek Style«
Ελληνική καρμπονάρα

Wer gerne mit Kräutern und Gewürzen experimentiert, der kommt schnell mal auf die Idee, andere Rezepte abzuwandeln. Und so habe ich mir diese griechische »Carbonara« ausgedacht.

Zutaten:
  250 g Spaghetti, 4 Eier, 2 große Hände geriebener griechischen Myzithra-Käse (griechischer Hartkäse), 80 g in feine Streifen geschnittener Parmaschinken, 1 kleingehackte rote Zwiebel, 1 Prise Zimt, ½ TL geräuchertes Paprikapulver, ½ TL Koriander, 2 TL Rosmarinnadeln, Salz, Pfeffer, frisches Basilikum, 4 EL Olivenöl

Zubereitung:
  Die Spaghetti al dente kochen. Währenddessen in einer großen Pfanne die Zwiebel im Olivenöl anschwitzen. Parmaschinken, Zimt, Koriander, Paprikapulver und Rosmarin zufügen und anbraten. Eier in einer Schüssel mit dem Großteil des Käses verquirlen und mit Salz und Pfeffer abschmecken. Die Pfanne vom Herd nehmen, die Spaghetti hinzufügen und mit der Käse-Ei-Masse übergießen. Kräftig durchrühren, ein paar Blätter Basilikum untermengen und auf Tellern anrichten. Mit grobem Pfeffer, dem restlichen geriebenen Käse und einigen Blättern Basilikum dekorieren.

Tipp:
  Dazu passt ein trockener Rotwein aus Neméa!

13

VON KONSTANTINOPEL NACH ATHEN –
VON DER KRISE IN DEN AUFSCHWUNG?
Interview mit Pétros Márkaris

Wenn man ein Buch schreiben möchte, dass den Titel »Made in Greece« tragen soll, dann kommt man um einen der ganz großen griechischen Literaten nicht herum: Pétros Márkaris. Er wurde 1937 als Kind eines Armeniers und einer Griechin in Istanbul geboren, das die Griechen nach wie vor als Konstantinopel bezeichnen, die Stadt Konstantins. Márkaris studierte und lebte einige Jahre in Wien, bevor er eines Tages nach Griechenland zog. In Athen hat er nicht nur Theaterstücke verfasst, sondern auch zahlreiche Bücher geschrieben. In Deutschland wurde er zum Bestsellerautor und Krimikönig durch seine Reihe um den Athener Kommissar Kostas Charítos, der während der Aufklärung seiner Fälle die kulinarischen Fähigkeiten seiner Frau genießen darf.

Gemeinsam mit der Fotografin und Kochbuchautorin Elissávet Patrikíou bin ich an einem heißen Mai Nachmittag mit Pétros im Café seines Verlages inmitten der turbulenten griechischen Hauptstadt verabredet. Ganz in der Nähe des zentralen Monastiráki-Platzes liegt das »Poems & Crimes« in der Agias-Irinis-Straße. Da Elissávet und ich viel zu früh an unserem Treffpunkt ankommen, nutzen wir die Gelegenheit und sehen uns ein wenig um. Als wir durch das Café auf die Terrasse im Innenhof treten, entdecken wir eine Oase der Ruhe. Die absolute Stille im begrünten Hof prallt auf die mit Graffiti künstlerisch bemalten Wände der angrenzenden Nachbargebäude. Eine Atmosphäre wie aus dem Fotografenbilderbuch. Elissávet ist begeistert und stürmt mit der Kamera in der Hand von einer Ecke zur nächsten. Eine halbe Ewigkeit fotografieren wir uns an den Kulissen entlang, wo uns von einer der Wände sogar der große Konstantínos Kaváfis als Graffiti-Literat ansieht. Er gilt als einer der größten griechischen Schriftsteller der Neuzeit. Gerade als wir uns an einen schattigen Tisch des Cafés setzen wollen, erscheint der andere große Schriftsteller. Pétros kommt gut gelaunt auf die Terrasse, erblickt uns, lächelt uns zu und kommt an unseren Tisch. Wir haben uns eine ganze Weile nicht gesehen, haben uns viel zu erzählen, aber Elissávet lässt den sehr viel jünger wirkenden 81-Jährigen erstmal nicht zur Ruhe kommen und bittet ihn zum Fotoshooting, solange das Licht noch optimal ist, im Innenhof. Geschickt drapiert die Fotografin den Schriftsteller vor der genialen Kulisse dieser Ruheoase. Es werden überragende Bilder und noch während des Shootings zündet Pétros seine Pfeife an und pafft. Er ist in einem grandiosen Entspannungszustand, die Bilder von ihm gelingen auf Anhieb. Der große alte Mann des Athener Krimis ist in Hochform.

Als wir später bei Kaffee am Tisch sitzen, will ich von ihm auch etwas über die aktuelle Situation in Griechenland und insbesondere in Athen erfahren. Petros ist ein ausgesprochen angenehmer Interviewpartner, dem man gerne stundenlang zuhört:

ANDREAS: In den vergangenen Jahren wurde sehr oft von der »verlorenen Generation« in Griechenland gesprochen. Die heute jungen Leute, die aufgrund der Krise arbeitslos sind, die keine Chancen und Hoffnungen mehr sehen und lieber heute als morgen ins Ausland abwandern. Pétros, du lebst schon lange in Athen. Wie erlebst du die Situation für diese Generation?

PÉTROS: Diese Leute, diese jungen Leute, sind verzweifelt. Sie finden keinen Job mehr in Griechenland oder nur einen sehr schlecht bezahlten. Aber es gibt auch eine zweite Kategorie: diejenigen, die geblieben sind. Und sie machen ein Geschäft im Netz. Ich kenne zwei junge Leute, Deutsch-Griechen, die Mutter ist Griechin, der Vater ist Deutscher. Der Ältere ist zum Urlaub nach Athen gekommen, als er noch Gymnasialschüler war. Und er sagte zu seiner Mutter: »Ich will hier bleiben.« Die Mutter hat eine Wohnung im Stadtteil Kypséli und so hat er an der deutschen Schule in Athen sein Abitur gemacht. Danach ging er zum Studium nach Deutschland, kam gemeinsam mit seinem Bruder wieder zurück und jetzt haben sie eine Internet-Reiseagentur: »Travelplanet 24«. Filippos und Markos. Das ist ein Riesenerfolg.

DER Kellner bringt uns Kaffee. Ich trinke griechischen Mokka, Pétros hat Filterkaffee bestellt.

ANDREAS: Ich habe den Eindruck, dass sich gerade durch die Krise auch Chancen für die jüngere Generation ergeben können.

Pétros: Ich kenne zwei andere junge Leute um die dreißig, die auch eine Internetfirma gegründet haben. Eine Art Einkaufsberater. Sie sagen, wenn man etwas kaufen will, dann geht man zu ihnen ins Netz und dort findet man dann alle Angebote. Sowohl die technischen Daten als auch die Preise. Auch das ist ein Riesenerfolg.

Plötzlich zieht ein gigantisches Gewitter über Athen herein. Ein Donnerschlag hallt durch den ruhigen Innenhof des Cafés … Einer der Kellner erscheint und rückt unseren Tisch etwas weiter unter den überdimensionierten Sonnenschirm, damit wir weiterhin im Trockenen sitzen. Pétros ist die Ruhe selbst und pafft weiter genüsslich an seiner Pfeife.

Andreas: Für dieses Buch habe ich auch mehrere junge Leute besucht, die mit ganz neuen Ideen sehr erfolgreich sind. Sie sind aus der Krise heraus ganz klein gestartet.

Pétros: Es gibt auch viele junge Leute, die wieder ins Land zurückgekommen sind. Der Kultur wegen.

Andreas: Eine griechische Bekannte aus Berlin hat kürzlich die Situation in Athen mit der in Berlin vor 20 Jahren verglichen. Auch hier gäbe es eine Art Aufbruchsstimmung. Es sind heute durch die Krise Dinge möglich, die früher unmöglich waren.

Pétros: Auf der einen Seite stimmt das natürlich. Auf der anderen Seite ist die Stadt aber nach den Olympischen Spielen im Jahre 2004 sehr verkommen. Die Altstadt ist voller Obdachloser, jeden Abend. Ich habe immer gesagt: Es gibt zwei Athen – eines des Tages und eines der Nacht. Und damit meine ich nicht die Nachtlokale, sondern das

Leben in der Stadt. Dieses Leben ist aus dem Zentrum verschwunden, weil die Leute kein Geld mehr haben. Das kann man heute nur noch ansatzweise an den Wochenenden erleben. Ansonsten ist es weg.

Der Regen prasselt wie wild auf den Sonnenschirm. Ein Kellner ruft uns zu, ob wir etwas brauchen. »Es geht uns hervorragend«, antworten wir synchron und rücken noch etwas vom Rand des Schirms weg, an dem der Regen wie ein Wasserfall herabläuft.

Andreas: Wie steht es ums Lesen und den Buchmarkt, jetzt während der Krise? Stimmt es, dass die Griechen angeblich noch mehr Bücher kaufen als vorher?

Pétros: Nein, das stimmt nicht! Der Buchmarkt hat ungefähr 40 Prozent seines Umsatzes eingebüßt. Es kann aber sein, dass Bücher heute einfach häufiger die Hand wechseln. Das kann sein. Aber dass mehr Bücher verkauft würden, stimmt nicht.

Andreas: Schreibst du gerade an einem neuen Buch?

Pétros: Ja. Ich habe jetzt einen Roman, der Ende August [2018] auf Deutsch erscheint: »Drei Grazien«. Und jetzt bin ich dabei, einen neuen zu schreiben.

Andreas: Und es gibt hoffentlich auch noch deinen berühmten Kostas Charítos aus der Krimireihe?

Pétros: Ja, ja!

Andreas: Ich habe deine Krimis alle gelesen. Mir gefallen Bücher immer dann besonders gut, wenn auch das Essen eine besondere Rolle spielt. Wie bei deinem Kostas oder bei Andrea Camilleris Commissario Montalbano aus Sizilien, der gerne und viel italienische Spezialitäten verspeist. Gibt es in Athen ein ganz typisches Essen, das es nur hier gibt?

Pétros: Nein. Es gibt keine spezielle Athener Küche. Griechische Küche ist eher Kreta und Nordgriechenland. Auf Kreta ist das Essen einfach ausgezeichnet.

Andreas: Was ist dein Lieblingsgericht, was öffnet dir dein Herz?

Pétros: Gefüllte Tomaten. Aber Konstantinopler Art!

Andreas: Das höre ich oft, so viele Griechen sagen das. Aber was ist das Besondere an denen aus Konstantinopel?

Pétros: Die Konstantinopler haben richtig viele Zwiebeln. Meine Mutter hat auf 3 Kilo Tomaten 1 ½ Kilo Zwiebeln hinzugefügt. Und dann kommt Reis dazu, Rosinen und Pinienkerne.

Andreas: Du bist auch häufiger für Lesungen in Deutschland. Gehst du dann auch zum Griechen essen?

Pétros: Nein, in Deutschland gehe ich nie zum Griechen! Ein einziges Mal ließ es sich aber doch nicht vermeiden. Ich war zu einer Lesung in Augsburg und man hatte mich nach der Veranstaltung geschickt abgepasst, so dass ich nicht nein sagen konnte. So kam ich in Nikos' Restaurant. Dort hatte Mama Ioánna, die aus Kozáni stammt, frische Pita gemacht. Ein Traum, diese Blätterteigpastete. In Griechenland sagt man, die beste Pita wird in Kozáni gemacht. Oder vielleicht auch in Augsburg.

Andreas: Wenn du in Athen zum Essen ausgehst, wohin gehst du dann?

Pétros: Ich gehe ins Oinotheíra[22]. Das ist ein Fischrestaurant im Stadtteil Kaisarianí. Die sind wirklich klasse. Nicht teuer, aber sehr gut. Und die machen einen Salat aus Artischocken und Meeresfrüchten, das ist ein Traum.

Andreas: Ansonsten bist du oft hier im Café …

Pétros: … dessen Taufpate ich bin! 2011 wurde es eröffnet. Der Verleger hatte mich nach einem passenden Namen für sein Lokal gefragt und so wurde ich der Namensgeber des »Poems & Crimes«. Und seitdem habe ich einen Stammplatz auf der Terrasse, meinen eigenen Tisch. Ganz für mich alleine. Ich bin gerne und oft hier. In der 1. Etage haben wir einen großen Vortragsraum, in dem Lesungen und Buchvorstellungen stattfinden, im 2. Obergeschoss ist die Druckerei und im Erdgeschoss gibt es regelmäßig Live-Musik. Alle zwei Wochen gibt es samstags Rembétiko.

Andreas: Und hier, in diesem wunderschönen Innenhof, lässt sich sicher gut über neue Bücher nachdenken und dabei eine Kleinigkeit essen. Wir haben so viel über die griechische Küche gesprochen, dass ich einen leichten Appetit verspüre.

Pétros: Hier gibt es auch ganz gutes Essen. Lass uns etwas bestellen.

Petros empfiehlt Salat und so bestellen wir jeweils einen »Caesar's Salad« mit Hühnerbrust, geröstetem Brot und Marouli, Romanasalat.

Andreas: Petros, du bist in Konstantinopel ausgewachsen. Als du klein warst, wer hat bei euch gekocht?

Pétros: Bei uns hat immer meine Mutter gekocht. Oder, wenn sie nicht da war, María. María war übrigens auch die Mörderin in meinem Buch »Die Kinderfrau«. Im echten Leben hat sie mich und meine Schwester großgezogen. Die Kinderfrau eben.

Andreas: Und da gab es dann auch oft gefüllte Tomaten?

Pétros: Ja. Und das andere, das es sehr oft bei uns zu Hause gab, sind Artischocken mit Erbsen oder mit Koukiá (– Saubohnen).

Und wieder kommt der Kellner und rückt unseren Tisch noch weiter in die Mitte unter den Sonnenschirm, da der Regen immer wilder wird. Dazu Blitz und Donner.

Andreas: Du hast in Konstantinopel gelebt, in Wien und jetzt hier in Athen …

Pétros: Ich lebe hier seit 1964. Das sind jetzt 54 Jahre. Von Wien bin ich damals hierhergekommen, weil ich für mich entschieden hatte, auf Griechisch, meiner Muttersprache, schreiben zu wollen. Die moderne griechische Sprache wird nun einmal hier gesprochen.

Andreas: Und bist du manchmal noch in Istanbul?

Pétros: Ja. Meine Tochter pendelt zwischen Athen und Istanbul. Sie hat sich in die Stadt verliebt und ich besuche sie manchmal dort. Aber sie liebt eine andere Stadt als die, die ich erlebt habe. Mein Konstantinopel, in dem ich groß geworden bin, existiert fast nicht mehr. Ich habe eine Stadt mit 1 ½ Millionen Einwohnern verlassen und jetzt sind es in Istanbul fast 20 Millionen.

Andreas: Als du 1964 nach Athen kamst, lebte hier noch weniger als die Hälfte der heutigen Bevölkerung. Wie hast du die Stadt damals erlebt?

Pétros: Athen war für mich nach Istanbul die Provinz! Aber ich habe in Griechenland Leute kennengelernt, die es heute nicht mehr gibt. Einfache Leute, arme Leute, aber die den Blick auf die Zukunft gerichtet hatten. Heute lebt eine Mehrheit mit der Sehnsucht nach der Vergangenheit. Sie fragen sich: Wann werden wir wieder einen Jeep kaufen, wann ein Sommerhaus bauen können? Und diese Sehnsucht nach der Vergangenheit verbaut den Blick auf die Zukunft. Das ist schlimm. Wogegen diese armen Griechen der 60er Jahre sagten: »Morgen wird's besser.« Sie konnten mit einer Gurke, einer Tomate, Oliven und Brot stundenlang Retsína trinken und plaudern. Eines kann ich sagen: Dieser fiktive Reichtum hat die Griechen ruiniert. Der Reichtum, den es nicht gab. Und die junge Generation hat den Vorteil, dass sie jetzt unter sehr schwierigen Umständen leben und das ist gut. Auch dieser Druck nach etwas Neuem kommt daher.

Andreas: Ein junger Freund aus Athen hat zu mir gesagt: »Wir kennen das nicht anders. Wir sind mit der Krise groß geworden.«

Pétros: Ja, so ist es. Die Probleme haben ihre Väter, nicht die Söhne und Töchter. Und Schwierigkeiten führen immer zu Einfallsreichtum. Immer!

Das Gewitter und die Regenwolken sind urplötzlich verschwunden und über Athen funkeln Sterne am Nachthimmel. Der Kellner bringt uns unsere Salate und griechisches Bier.

Andreas: Petros, wir wollen heute gar nicht über Politik reden, aber eine Frage muss ich zum Schluss noch loswerden: Als ich Nikoletta, die Filmemacherin[23], gefragt habe, was sie in einem neuen Film über Griechenland thematisieren würde, sagte sie: »Auf keinen Fall etwas über die Krise.« Wird die Krise Thema in deinem nächsten Buch sein?

Pétros: Nein.

Andreas: Pétros, ich danke dir für dieses Interview. Und jetzt: káli órexi (guten Appetit)!

Gefüllte Tomaten nach Konstantinopeler Art »Politika«
Γεμιστά πολίτικα

Pétros hat mir sein Lieblingsrezept verraten: Diese zauberhaften gefüllten Tomaten, die auch sein Buchkommissar Charítos am liebsten isst. Die originale Konstantinopeler Art ist etwas aufwendiger, als die herkömmliche Touristenvariante, dafür aber auch umso schmackhafter.

Zutaten:

12 große dunkle Fleischtomaten, 125 ml Olivenöl, gehackte Tomaten (das Innere der 12 Tomaten und noch 2-3 Tomaten zusätzlich), 150 ml Wasser, Salz, schwarzer Pfeffer

Für die Füllung: 12 mittelgroße Zwiebeln, 125 ml Tomatensoße (aus den Tomateninnereien gekocht), 125 ml Olivenöl, 50 g Rosinen, 50 g Pinienkerne, 1 Prise Zimt, ½ Bund Petersilie, ½ EL Zucker, 12 EL Reis, 2 TL Salz, schwarzer Pfeffer

Zubereitung:

Zwiebeln vorbereiten: Schälen, in 4 Teile schneiden und in einen Topf mit Wasser geben. Gut bedeckt 30 Minuten lang für auf kleiner Flamme kochen. In einem Sieb abtropfen lassen und mit einem Stabmixer (nicht zu fein!) pürieren. Von den Tomaten einen »Deckel« abschneiden, die Tomaten mit einem Löffel vorsichtig aushöhlen und in eine Auflaufform legen. Fruchtfleisch aufheben.

Füllung vorbereiten: Tomatenfruchtfleisch in einem Topf für etwa 15 Minuten einköcheln, grob pürieren und beiseitestellen. In einem anderen Topf Zwiebelpüree mit Olivenöl anbraten und auf kleiner Flamme einköcheln lassen. Pinienkerne, Rosinen, Zucker, Zimt, Salz, Pfeffer und Reis dazugeben. 125 ml von der eingeköchelten Tomatensauce zufügen und zum Schluss die fein gehackte Petersilie unterheben. Die Masse abkühlen lassen.

Tomaten füllen: Zunächst etwa 1 EL von der beiseite gestellten Tomatensauce in jede Frucht geben, dann mit der Reismasse ergänzen, in der Auflaufform nebeneinanderlegen und die »Deckel« aufsetzen. Verbliebene Tomatensauce über die gefüllten Tomaten gießen. Etwas Wasser, Salz und Pfeffer und das übrige Olivenöl darüber geben.

Auflaufform mit Backpapier abdecken, in den vorgeheizten Backofen auf 180°C für 45 Minuten backen. Anschließend Backpapier entfernen und die gefüllten Tomaten noch weitere 15 Minuten bei 200°C weiterbacken, damit sie eine schöne braune Färbung annehmen.

14

MIT DEM DREIZACK AUF MEERJUNGFRAUENFANG
Das Geheimnis der Kamákia

Mein Freund Perikles ist noch ganz euphorisiert, als ich ihn an einem Spätsommermorgen anrufe.
»Heute ist einer der schönsten Tage meines Lebens«, ruft er aufgeregt ins Telefon. »Du glaubst nicht, was passiert ist!« Euphorisch und mit einem durchs Telefon gehörten Grinsen erzählt er weiter: »Ich war heute so früh wach, viel eher als sonst. Noch halb im Schlaf saß ich schon vor dem Sonnenaufgang mit meinem frisch aufgebrühten Kaffee auf meiner Terrasse am Meer und wartete auf die Sonne, die hier so unvergleichlich schön aufgeht. Aber das kennst du ja. Doch den heutigen Morgen werde ich nie vergessen. Es wurde schneller hell als erwartet. Noch bevor der rote Feuerball über die Hügel der Berge kriechen konnte, hörte ich Menschen die Straße zum Meer herunterlaufen. Drei Männer und drei Frauen kamen direkt vor meiner Terrasse auf den Strand. Alle waren sie schick gekleidet, der Duft von Hollywood lag in der Luft und mir stockte der Atem.«

Gebannt lausche ich, kann die Pause kaum ertragen, die Perikles nun einlegt. Doch dann sprudelt es bereits wieder aus ihm heraus: »Du glaubst nicht, was dann geschah!«

Wieder eine Pause, die wie von einem Thriller-Regisseur geplant scheint. Ich kann es kaum erwarten, erzähl doch endlich weiter!

»Die drei Frauen zogen sich plötzlich aus. Elegant, grazil und bis auf das letzte Kleidungsstück. Sie standen splitterfasernackt am Strand. Die Männer hingegen packten ihre Geräte aus. Sie entpuppten sich als ein Kamerateam und begannen, einen Film zu drehen. Die nackten, bildhübschen Frauen, blond, brünett und schwarzhaarig, sprangen nun freudig ins Meer. ›H thálassa eínai ládi‹, sagen wir, wenn das Meer morgens spiegelglatt und unbewegt ist. Jetzt schien es zu brodeln, so als hätte Poseidon die Kochplatte auf höchste Stufe angeheizt. In diesem Moment dachte ich wirklich, ich würde noch in meinem Bett liegen und träumen. Ich sage dir, es waren Meerjungfrauen!«

»Und was passierte dann?«, frage ich. »Hast du deinen kamáki geholt, den Dreizack?«, rufe ich lachend ins Telefon.

»Nein! Ich denke noch, ich träume, als mich Babis unsanft aufweckt. Ich saß tatsächlich auf der Terrasse und vor meinen Augen liefen Dreharbeiten. Das muss man sich einmal vorstellen. Und was macht Babis? Anstatt wie ein echter Grieche die zauberhaften Frauen mit verführerischen Sprüchen zu verzücken, beginnt er eine Diskussion über Gott und Religion. Das gibt es doch gar nicht!«

Ich muss lachen, kann mir bildlich jedes einzelne Detail vorstellen. Die perfekte Kulisse für einen erotischen Film bietet sich an diesem Strand ganz bestimmt. In den 60er, 70er und 80er Jahren hätten sich die echten griechischen »Kamákia«, die sonnengebräunten griechischen Muskelmänner mit ihren offenen Hemden und den Goldketten über der Brustbehaarung, sicher sofort um die schönen Touristinnen gekümmert. Doch heute sind sie entweder in die Jahre gekommen und träumen davon, wie es früher war, oder sie haben eben andere Dinge im Kopf. Auch Griechenland hat sich verändert.

»Jedenfalls«, Perikles reißt mich aus diesen Gedanken und redet weiter, »haben die nackten Frauen ganz verstört geguckt, sind aus dem Wasser heraus gestiegen und haben sich angezogen. Die Kameramänner haben ihr Gerät eingepackt und dann sind sie so schnell wieder verschwunden, wie sie gekommen waren. Dann erst ging die richtige Sonne auf. Andreas, ich sage dir, so etwas habe ich noch nie erlebt. Gestern Morgen erst habe ich Delfine kurz nach dem Sonnenaufgang hier in der Bucht gesehen. Heute aber waren es Meerjungfrauen, die vor der Sonne im Meer geplanscht haben.«

Jetzt, nach dem Telefonat, muss ich immer noch lachen. Was für eine Geschichte und das ausgerechnet an meinem Lieblingsplatz in der Bucht von Toló. Perikles' Anekdote bringt mich auf eine spontane Idee: Im Sommer hatte ich in einem der zahlreichen Touristenläden einen hübschen Pappkameraden zum Selberbasteln gekauft. Irgendwo muss er noch jungfräulich und originalverpackt herumliegen. Heute ist mit Sicherheit der ideale Tag, ihn aufzubauen. Doch bevor ich ihn suche, koche ich mir auf dem kleinen Gaskocher in meiner Küche zunächst einen echten griechischen Kaffee. Absichtlich keinen Frappé, den ich ansonsten jetzt favorisiert hätte. Stattdessen blubbert wenig später der hellbraun-cremige Schaum des duftend aufsteigenden Mokkas im Briki, dem kleinen Kaffeekännchen. Und während sich der Kaffeesatz setzt, suche und finde ich den DIN-A4-Umschlag, in dem sich der Gott aus Pappe befindet.

Als ich damals im Schaufenster des Touristengeschäfts ein Plakat der neuen Reihe »Meet the Greeks« der griechischen Firma Xartobasíleion, zu Deutsch Papierkönigreich, ausgestellt sah, wollte ich unbedingt eine der zwölf Varianten haben. Die karikiert gezeichneten, bunten Pappfiguren stellen Gestalten aus der Mythologie bis in die Neuzeit dar: die Göttinnen Athene, Aphrodite, die Gorgone Medusa, Zeus, Apollo, Herkules, der Götterbote Hermes, der kretische Minotaurus, der einäugige Zyklop, ein Evzone der königlichen Leibgarde und andere. Ich hatte selbstverständlich sofort den coolen schwarzhaarigen Griechen mit Sonnenbrille und Zigarette ins Auge gefasst, der in seiner linken Hand mein Lieblingsgetränk mit Strohhalm und Schaum, einen Frappé, hält. Für ihn hatten sich die Macher vom Papierkönigreich den besten Namen ausgedacht: »I am a greek lover – EÍMAI KAMÀKI« steht in einer gezeichneten Sprechblase neben dem Frauenhelden aus Pappe. Wie die echten Kamákia aus den 60er bis 80er Jahren des 20. Jahrhunderts trägt er eine Goldkette mit Kreuz an seiner Brust, die nur von einem zarten Netzhemd bedeckt ist. Ich musste schmunzeln und betrat den Laden. Die Hitze des Sommers hatte das Innere des unklimatisierten Geschäfts in eine heiße Sauna verwandelt. Eine Frau in den besten Jahren, geschätzt etwa Ende 50 oder Anfang 60, sortierte etwas hinter dem Verkaufstresen. Als sie mich eintreten sah, ließ sie sofort alles stehen und liegen und begrüßte mich ausgesprochen herzlich. Lächelnd sah sie mich an und fragte: »Wie kann ich Ihnen helfen?«

»Ich bin auf der Suche nach Kamáki«, sagte ich, während ich bereits im Xartobasíleion-Ständer nach dem richtigen DIN-A4-Umschlag suchte.

»Ach«, entfuhr es ihr ehrlich enttäuscht. »Kamákia gibt es leider nicht mehr!«

Ich drehte mich zu ihr um, sah einen Augenblick ungerührt in ihr attraktives Gesicht und dann lachten wir beide zeitgleich von ganzem Herzen über dieses gelungene Wortspiel. Der Papp-Kamáki war leider ausverkauft und die echten griechischen Kamákia, die Lover und Verführer der Touristinnen, gab es schon eine ganze Weile nicht mehr.

»Na, dann nehme ich wohl den hier«, sagte ich zur humorvollen Verkäuferin und deutete auf den weißbärtigen Meeresgott Poseidon. »Er hat wenigstens einen Kamáki in der Hand.« Noch einmal lachen wir beide fröhlich. Poseidon trägt natürlich seinen Dreizack in der Hand, die antike Harpune. Die Kamákia wurden damals tatsächlich danach benannt, weil sie sprichwörtlich die Frauen »aufspießten«. Und wer, wenn nicht Poseidon, könnte der Vorfahre dieser jungen griechischen Harpunisten der Neuzeit gewesen sein?

Mein Mokka ist inzwischen trinkfertig. Ich nehme einen ersten Schluck und denke an Perikles, der sich manchmal scherzhaft als »Sohn des Poseidon« bezeichnet. Auch er liebt den griechischen Kaffee. Wie oft schon haben wir frühmorgens auf der Terrasse gesessen, aufs Meer geschaut und auf Poseidon gewartet, während wir an den Kaffeetässchen nippten. Jetzt öffne ich den Umschlag, in dem sich der Pappgott befindet. Er besteht aus zwei Bögen Karton. Auf dem einen befindet sich der wuschelbärtige Kopf und auf dem anderen der restliche Körper inklusive des Dreizacks. Ich entnehme die vorgestanzten Bögen und falte sie entsprechend so, dass der Poseidon kurz darauf dreidimensional vor mir steht. Aus einer Sprechblase spricht er sogar schriftlich auf griechisch zu mir. Dort steht, frei übersetzt:

»Ich bin der Gott des Meeres, des Sturms und der Erdbeben. Meine berühmten Brüder sind Zeus und Hades. Mit einem Stoß meines Dreizacks habe ich rund um die Akropolis Quellen hervorsprudeln lassen, als ich um die Schutzherrschaft der Stadt wetteiferte. Schutzherrin wurde jedoch Athene und aus meiner Wut heraus habe ich die Stadt überflutet.«

Das Spiel zwischen Mann und Frau hat es also schon in der Mythologie gegeben. Ein echter Macho, mein Papp-Poseidon. Der Kamáki hätte wahrscheinlich versucht, die stolze Athene mit seinem Frappé und der Brustbehaarung um den Finger zu wickeln. Ich muss unbedingt auch noch diese Pappfigur aus dem Papierkönigreich ausfindig machen, um zu sehen, was auf ihrer Sprechblase steht. Was wohl die echten Profi-Kamákia damals für Phrasen benutzt haben? Da fällt mir wieder ein, dass es mal eine sehr lustige Dokumentation über die »Kamákia - Die Helden der Insel« gegeben hat. Das muss ich mir unbedingt nochmal ansehen. Vielleicht finden sich ja schon dort die passenden Sprechblasen.

Schnell finde ich die halbstündige Reportage aus dem Jahr 2015 im Internet und schaue gebannt auf die in die Jahre gekommen Kamákia. Im Film werden zahlreiche heute hochbetagte Senioren zu ihrer Zeit als professionelle Touristinnen-Aufreißer befragt. Es ist ein köstliches Dokument neuerer griechischer Geschichte, von dem ich an dieser Stelle unbedingt einige Szenen wiedergeben möchte:[24]

Moderiert wird die Dokumentation von einem sprechenden, umherreisenden Stofftier namens Rapadopoulos, der mit einem wunderbaren deutsch-griechischen Akzent durch die Sendung führt. Die Doku beginnt in der nordgriechischen Hafenstadt Kavála und es wird eingangs erläutert, dass die griechischen Männer ab den 60er Jahren des 20. Jahrhunderts sexuell emanzipiert wurden. Darüber will das Stofftier mit dem schicken Schnauzbart mehr erfahren und er begibt sich ins Kafeneíon, denn er weiß, dass man dort alle Informationen bekommt, die man braucht: »Wenn man in Griechenland etwas erfahren möchte, dann geht man ins Kafeneíon.« Und tatsächlich trifft er dort auf eine ganze Reihe gesprächiger, älterer Herren. Einer von ihnen sagt zu Rapadopoulos: »Das Kafeneíon wirkt wie eine Psychotherapie.« Hier rede man über Gott und die Welt, einfach über alles.

»Und was bedeutet Kamáki?«, fragt Rapadopoulos.

»Kamáki ist ein Fischerwerkzeug, das an seiner Spitze drei Zacken hat. So wie das Kamáki auf den Fisch trifft und ihn fängt, so fängt auch der Grieche – metaphorisch gesprochen – die Frauen.« Und weiter: »Damals war die Romantik ganz wichtig. Die körperliche Berührung war eigentlich ein Traum. Unsere Frauen mussten sich damals ihren strengen Vätern, Müttern und Geschwistern unterwerfen. Wenn sich eine Frau einmal die Haare gemacht hat, wurde sie direkt von den Männern gefragt: ›Hey, du Schlampe, wo willst du denn so aufreizend hin?‹ Die Frauen mussten sich um alle Männer in der Familie kümmern. Die Touristinnen hingegen waren locker, parfümiert und haben sich nackt ausgezogen.« Ein alter Mann im Kafeneíon erinnert sich: »Ihre Haut war rosa, sie trugen kurze Röcke und sie waren anatomisch gut gebaut.«

Rapadopoulos schaut sich auch anderswo in der Stadt um. Er trifft einen alten Friseur, der sich erinnert, damals 22 Jahre alt gewesen zu sein: »Die Touristinnen kamen Anfang der 60er Jahre«, sagt er und verrät Rapadopoulos ein Geheimnis: »Ihre Männer haben nur gearbeitet und geschlafen. Und da kamen wir ins Spiel!« Träumerisch und verschmitzt grinst der Haarabschneider in die Kamera. »Eine Frau, die dich ins Bett bittet, darfst du nicht versetzen. Es wäre eine Sünde!«

Nach dem Besuch im Kafeneíon, beim Friseur und in der Stadt macht sich Rapadopoulos auf nach Rhodos. Die Insel galt damals als eine Hochburg des Kamáki. Die Tourismusindustrie der 70er Jahre hat mit diesem Phänomen gespielt. Junge Männer auf den Werbeplakaten lockten die Touristinnen mit aufreizenden Gesten. Ein Insulaner berichtet Rapadopoulos, wie es damals war: »Die Touristinnen kamen und legten sich oben ohne an den Strand.

Das kannten die Griechen damals nicht. Es machte sie verrückt. Und sie öffneten daraufhin ihre Hemden und zeigten ihre Brustbehaarung. Das machte die Schwedinnen verrückt.« Und nach einer Pause ergänzt er wehmütig: »Die einhundert besten Kamákia auf Rhodos haben nie gearbeitet.« Dann erzählt er, dass die Frauen den Kamákia im Sommer Geschenke brachten und im Winter Briefe mit Geld schickten. »Im Winter hielten die Männer wie Bären einen Winterschlaf. Niemand sprach über Frauen, aber ab dem 15. Februar begann das Leben wieder. Sie wussten, wann der erste Flieger kam und wie viele Frauen darin sitzen würden.« Woher sie all das wussten, will Rapadopoulos wissen, doch die Antwort bleibt nebulös: »Es ist verrückt, sie wussten alles.« Doch das Stofftier erfährt von den Insulanern auch noch etwas über die Struktur der damaligen Kamákia, von denen es alleine auf Rhodos etwa 2.000 gegeben haben soll: »Es gab eine Hierarchie unter den Kamákia. Wie in der Armee. General, Offizier, Gefreiter. Hier haben sich die Männer um alle Frauen gekümmert. Um alle! Die Frauen waren Königinnen hier.«

Auch eine Griechin kommt zu Wort, die sich an damals erinnert: »Die Kamákia haben die Frauen zum Abflug gebracht, haben geweint und gefragt, warum sie gehen. Und sobald die Frauen weg waren, gingen die Kamákia zur Ankunftshalle.«

Im weiteren Verlauf der Reportage trifft Rapadopoulos schließlich auf einige der Helden von damals. »In drei Monaten habe ich 45 Frauen klargemacht«, sagt ein spitzbübisch lächelnder Ex-Kamáki mit grauem Schnurrbart. »Ich hätte auch 100 haben können, aber ich hatte nicht genug Zeit. Ich wollte es romantisch angehen.« Und alle sagen sie, dass die Romantik immer an erster Stelle gestanden hätte. Die Kamákia von damals, die von Rapadopoulos interviewt werden, sind heute alle alt und verheiratet. Der uralte Schäfer Márkos war seinerzeit der Chef der Insel. »Ich war die Nummer 1«, sagt er. »Keine ist mir entwischt. In zwei Minuten war meine Maschine einsatzbereit. Ich brauchte nur aus dem Haus zu gehen, da stand er schon.« Seine Frau sitzt daneben und erzählt: »Er war wie verrückt. Er war jung damals. Jetzt ist es vorbei.«

Auch ein anderer positiver Aspekt der Kamákia-Kultur hat sich erledigt, weiß ein Kioskbesitzer zu erzählen. »Seit 25 Jahren habe ich Kondome verkauft, aber jetzt ist es vorbei, weil die Jugend nicht mehr so viel vögelt. Statt mit dem Vögelchen zu spielen, beschäftigen sie sich nur noch mit dem Internet. Sie wissen nur noch, wie man Computer spielt.« Wenn man ihm glauben kann, dann hat die griechische Jugend das Flirten verlernt. Ende der 80er Jahre, mit dem Aufkommen von HIV/Aids, habe alles begonnen. Damals haben die Kamákia aus Angst ihren »Job« eingestellt. Am Flughafen von Rhodos hätten sogar schwedische Touristinnen mit handbeschriebenen Plakaten demonstriert: »Make sex to us!« Doch die Kamákia guckten nur noch.

Nach dieser frivol-fröhlichen Dokumentation beschließe ich, selber auch mit einigen Frauen zu sprechen, die damals von den jungen, heißen Griechen angebaggert wurden. Wie war wohl das allgemeine Umfeld damals? Wie haben es die Frauen erlebt? Ich übernehme also die Rolle des Rapadopoulos, lasse mir einen Schnurrbart wachsen und ziehe los …

Helena erinnert sich vor allen Dingen an das spezielle Aussehen der Kamákia: »Sie trugen die Hemden weit offen und hatten diese Goldketten um den Hals. Die Brustbehaarung war ganz wichtig. Es gab spezielle Phrasen dazu. Wie zum Beispiel: ›Έχω το πουκάμισο ξεκουμπό για να φαίνεται ο δάσος‹ (– Ich trage das Hemd aufgeknöpft, damit der Wald zu erkennen ist). Oder: ›… και στον ήλιο λάμπει το σταυρό‹ (– … und in der Sonne glänzt das Kreuz). Damit ist das Kreuz gemeint, dass sie traditionell an ihren goldenen Ketten trugen.« Dieses Äußere haben die Kamákia für sich zur Marke gemacht und es sogar ins Ausland getragen. Helena erinnert sich noch genau an das Jahr 1987, als sie in Deutschland wohnte, wo ihre Eltern ein griechisches Restaurant betrieben. »Es war ein wahnsinnig kalter Winter. Wir hatten -16 Grad und die Köche und Kellner kamen trotzdem mit ihren offenen Hemden zur Arbeit, damit die Harre auf der Brust und die Kette gut zu sehen waren.«

Sofía erzählt: »Es war Ende der 70er Jahre. Ich war mit meiner Tochter im Urlaub in Thessaloníki. Plötzlich hielt ein Wagen neben uns. Direkt auf der Straße. Der Fahrer grüßte freundlich und sagte zu meiner Tochter: ›Ich lade dich und deine Schwester ein! Für dich eine Limo und für deine Schwester einen Kaffee! Möchtest du?‹ Meine Tochter schaute mich an und fragte ›Mama, wer ist das?‹ Wir haben dann dankend abgelehnt. Und als wir uns wegdrehten, sagte ich noch zu ihm: ›Hast du gar nicht bemerkt, dass es mein Kind ist?‹ Er tat verwundert. ›Äääh, ochi!‹, nein! Dann fuhr er schnell davon!«

Klingt ziemlich harmlos. Ebenso diese Geschichte …

Monika erzählt: »Ach schön, to kamáki! Auf der alkida kam ich in den 70ern langsam darauf, dass es da noch eine interessante Sorte Menschen in Hosen gibt. Also zogen meine Schwester und ich uns todschick an und zogen los. Naja, meist im Blickfeld der Erwachsenen. Groß weg konnten wir ja nicht. Das ganze Dorf versammelte sich allabendlich an der Paralía, am Hafen, der Promenade. Und dann ging es los. Wir zwei, meist noch die einheimische ›Cousine‹ dabei, alle drei, Arm in Arm. ›Hast du den gesehen? Du, der hat geschaut! Iiiih, was hat der an! Mmmmh, der hat einen Bruder mit Auto! Ah, der Sohn des Arztes!‹ Und so weiter. Viele Instinkte kamen zum Vorschein. Die Hormone spielten verrückt. Und die Blicke erst! Meine Schwester und ich sind Halbschweizerinnen, Halbgriechinnen. Ein sehr explosiver Stoff. Schon von der Bekleidung. Perfektioniert bis zu den Zehenspitzen. Nix da mit Künstlichkeit! Zu vermalt im Gesicht galt als billig, das gab es nicht. Ja, und irgendwann gab es dann auch mehr. Küsschen, Zeichen, Briefchen. Cousine oder Schwester als Überbringerchen. Der Babyspeck verschwand, Liebe braucht keinen Hunger, sofort weg vom Familientisch für heimliche Treffen bei der Kirche, beim Friedhof. Wer hat den Mut, weiter rein zu gehen nachts?«

Ich spreche lange mit Monika, ihre Beschreibungen faszinieren mich. Sie zeigen eine idyllische Welt, in der Kinder zu Jugendlichen und Jugendliche zu Erwachsenen werden konnten, und diese Zeit zu genießen wussten. Monikas Mutter ist Griechin, ihr Vater Schweizer. »Das Kamáki gab es schon immer«, sagt sie und erzählt weiter: »Es wurde damals mit Stil gemacht. Erst als die Ausländer dazu kamen, wurde es plumper. Es begann als Spiel der Geschlechter. Damals, als wir 14, 15 Jahre alt waren. Mehrere Mädchen hakten sich ein und spazierten durchs Dorf. Es war nicht das Sexuelle, es war mehr eine Erfahrung, wie es zum Beispiel ist, wenn man Hosen trägt. Damals als Jugendliche waren es sowohl Mädchen als auch Jungen, die auf die Pirsch gingen. Ich würde sagen, es hielt sich die Waage. Wir haben uns gestylt. Zwar gab es keine Hochglanzmagazine mit Stylingtipps und wir haben uns auch nicht die Wimpern gemacht oder Fingernägel lackiert, aber wir haben unsere eigene Mode gemacht und unsere Sonnenbräune präsentiert. Wir waren natürlich, haben keinen Lippenstift und Lidschatten benutzt und auch nicht die kürzesten Kleider getragen. Stattdessen grüne oder orangefarbene Schlaghosen. Und so sind wir dann zehnmal auf und ab stolziert. Wir schauten dem Kostas nach und haben Jannis gefragt, wie er uns findet. Wir dachten, es ist Liebe.«

Aber es war auch ein kompliziertes Spiel, das jugendliche Kamáki auf dem Dorf, wie Monika zu berichten weiß. Die gesellschaftlichen Zwänge merkten selbst die Jugendlichen bei ihren ersten Flirtversuchen.

»Es war immer auch das Ansehen im Dorf wichtig und entscheidend. Man achtete auf Klassenunterschiede. Ärztesöhne galten als gut, die Söhne von Tavernenbesitzern eher nicht so sehr. Und zu unehelichen Kindern hatte man am besten gar keinen Kontakt.«

Trotz dieser gesellschaftlichen Regeln blickt Monika voller Freude auf diese Zeit zurück.

»Wir haben gelebt. Es war unbeschwerter als heute. Wir haben alle mit dem gleichen Wasser gekocht, es waren unserer Urinstinkte ›á la Höhle‹. Wir konnten unsere Instinkte noch ausleben. Heute geht das so nicht mehr. Damals haben wir mit wenigen Mitteln Romantik gelebt und die Jungs mussten sich mehr anstrengen. Es gab auch keine Beleidigungen, wenn sie eine Absage bekamen. Die Griechen haben das akzeptiert, immer fröhlich, immer mit einem Lachen. Es liegt wahrscheinlich an unserer Kultur. Wir Griechen kommunizieren gerne. Das ist in anderen Kulturen etwas anders.«

Dann spreche ich Monika auf die Touristinnen an, die damals allmählich und immer zahlreicher zum Urlaub nach Griechenland reisten. Sie antwortet: »Die

Schwedinnen waren nicht lustig für uns dunkelhaarige Griechinnen! Wenn ein Grieche eine Abfuhr bekommt, dreht er sich um und sucht die Nächste.« Sie lacht. Und wenn die nächsten dann auch noch blond sind, wird es schwierig für die Griechinnen. Mit dem zunehmenden Tourismus kamen andere Kulturen ins Land. »Heute ist es plump«, sagt Monika. »Du gefällst mir, komm wir gehen ins Bett! Aber ich denke, wir Frauen möchten immer noch erobert werden.«

Gaby lebt heute mit ihrem Mann in Thessaloníki. Schon als Kind machte sie regelmäßig Urlaub mit ihren Eltern in Griechenland und so kam es, wie es kommen musste. Als sie etwa zehn Jahre alt war, hatte sie ihr erstes Erlebnis mit einem echten Kamáki!

»Ende der 70er Jahre machte ich mit meinen Eltern Urlaub in Platamón am Fuß des Olymp. Meine Eltern waren damals um die vierzig, ich muss in etwa zehn Jahre alt gewesen sein.«

Gaby erzählt, von einem schönen Sommer und davon, dass ihre Eltern ein junges deutsches Urlauberpärchen kennen lernten, mit denen man die Tage und Abende gemeinsam verbrachte. »Eine hübsche blonde Frau und ein durchtrainierter, starker Muskelmann«, so hat Gaby das Paar in Erinnerung. »Ich glaube, sie hieß sogar auch Gabi, wie ich. Und er war Bodybuilder oder sowas.«

Eines Abends aßen sie alle gemeinsam in einer Taverne, unter eindrucksvollen alten Platanen, als Sákis erscheint.

»Ich weiß nicht mehr, wo er herkam, ob er dort Kellner war oder einfach so auftauchte. An was ich mich jedoch genau erinnere, ist sein sehr eindrucksvoller Schnäuzer und seine lieben, hellfunkelnden Augen«, erinnert sich Gaby. In den Tagen danach war er immer dabei, wenn sie gemeinsam etwas mit dem jungen deutschen Paar unternahmen. »Wir waren zusammen baden, essen, was trinken und überall war Sákis dabei. Er war väterlich lieb zu mir, hat viel Spaß mit uns gemacht und mir sogar Geschenke mitgebracht. Er wurde zu einer Art Fremdenführer für unsere kleine Gruppe.«

Als sie dann eines Abends wieder beim gemeinsamen Essen saßen, hatte Gaby ein beeindruckendes Erlebnis. Dem jungen Mädchen fiel irgendwas vom Tisch auf den Boden, während die Erwachsenen sich angeregt unterhielten. Gaby verschwand daraufhin unter dem Tisch, um nachzusehen und machte unvermutet eine interessante Entdeckung:

»Die andere Gabi und Sákis füßelten ganz doll unter dem Tisch! Völlig verwirrt kam ich wieder hervor, ich fragte mich: Warum tun die das? Ich muss sehr verstört gewirkt haben, denn meine Mutter sah mich mit großen Augen an und fragte mich, was denn mit mir los sei.«

Die kleine Gaby versuchte, ihre Gedanken zu ordnen und antwortete dann laut in die Runde:

»Mama, ich glaube wir haben zu wenig Platz. Sákis und Gabi haben sich ganz fürchterlich mit ihren Füßen verhakt.«

Erwachsene können sich jetzt vermutlich vorstellen, wie die Szenerie aussah. Plötzlich Totenstille am Tisch.

»Die Stimmung war schlagartig kaputt, aber ich wusste nicht, warum!« Gaby lacht, als sie von diesem Abend vor vierzig Jahren berichtet. Aber es sollte noch nicht der Höhepunkt des Urlaubs gewesen sein.

»Mitten in der Nacht wachte ich auf, weil mein Vater völlig aufgeregt im Zimmer stand. Da unten ist irgendwas los, sagte er und zeigte zum Fenster. Die Berliner wohnten in einem anderen Hotel, etwas weiter die Straße herauf. Und als wir aus dem Fenster blickten, sahen wir es: Urplötzlich kam Sákis die Dorfstraße hinabgerannt. Völlig in Panik und splitterfasernackt!«

Ich lache laut los, stelle mir den brustbehaarten Sákis mit seiner Goldkette um den Hals im nächtlichen Dorf vor.

»Sákis schrie«, sagt Gaby und ergänzt: »Und dann kam auch noch der Bodybuilder hinterher gerannt und er brüllte wie verrückt. Sákis nackt auf der Dorfstraße, das werde ich nie vergessen. Wenn wir heute an Platamón vorbeikommen, denke ich immer an Sákis und frage mich, was wohl aus ihm geworden ist.«

Nach diesem Abend haben sie weder Sákis noch das deutsche Pärchen jemals wiedergesehen. Der flinke Grieche scheint ein echter Frauenheld gewesen zu sein.

»Sákis war ein Kamáki wie aus dem Bilderbuch. Offenes Hemd, Brustbehaarung, goldene Halskette und dazu sein schwarzes Haar mit dem gezwirbelten Schnauzbart. Sehr beeindruckend, wirklich.« Gaby lacht und denkt an ihre fröhliche Kindheit zurück. Aber so richtig verstanden, was damals passierte, hat sie erst einige Zeit später.

Simone lebt heute wieder in Deutschland. Einige Jahre war sie auf Kreta, hat dort im Tourismus gearbeitet. Sie erzählt: »Ich hatte damals einen guten Kumpel, Mános. Er war der Neffe der Apartmentbesitzerin, bei der ich für die Gästebetreuung zuständig war. Er hat das Kamáki professionell betrieben.«

»Professionell?«, frage ich erstaunt. »Was muss man sich darunter vorstellen?«

»Das sah so aus, dass wir Tabellen erstellt haben, unter dem Tresentisch, und er seine Kamáki-Erfolge gezählt hat. Wir haben diese dann in die Tabelle eingetragen. In einer Saison kam er auf durchschnittlich 50 bis 60.«

Als Hobbyangler erinnert mich dieses Tabellieren ein wenig an die Fangstatistiken, die man führen muss, wenn man einen Aal, Karpfen oder eine Schleie fängt. Beim Angeln ist jedoch der Dreizack verboten.

»Wie lange dauerte so eine Saison bei euch auf Kreta?«, will ich wissen. »Von März bis Oktober.«

»Also rund 30 Wochen. Das heißt, er hatte durchschnittlich jede Woche zwei Freundinnen!?« Im August wahrscheinlich mindestens doppelt so viele, denke ich noch, als Simone bereits fortfährt.

»Wichtig war dabei auch die Einteilung nach Nationalitäten. Also, er hat darauf geachtet, dass es eine gleichmäßige Verteilung zwischen Deutschen, Engländerinnen, Holländerinnen und Skandinavierinnen gab. Wobei es so war, dass sich die deutschen Frauen auch immer verlieben wollten und nachher Briefe geschrieben haben und wieder kamen. Die Engländerinnen musste man morgens direkt wegschicken, weil sie ohne Schminke nicht mehr gut aussahen. Die Skandinavierinnen, insbesondere Schwedinnen, haben hingegen beim Ranking immer am besten abgeschnitten: sie waren natürlich hübsch, wollten sich nicht verlieben und standen auch nicht im nächsten Jahr wieder auf der Matte.«

»Und hat er es nicht auch bei dir versucht?«, frage ich Simone.

»Bei mir hat er sich selber ein bisschen verliebt und an seiner Professionalität gezweifelt.« Simone lacht. »Wir sind aber heute immer noch befreundet. Erst vor zwei Jahren hat er eine bildhübsche Griechin geheiratet und sie haben jetzt ein Kind.«

Kretisches Happy End. Simone weiß aber auch von den vielen alleinstehenden Frauen, die keinen griechischen Mann abbekommen haben und die jetzt ledig in die Rentenjahre kommen.

Chryssoula aus Athen sagt, dass die Griechinnen damals den Männern nicht einmal einen Kuss gegeben hätten. Das traditionelle Rollenbild und das Ansehen im Dorf ließen das nicht zu.«Und mit dem Tourismus kamen dann die blonden Mädchen. Die Männer stolzierten ganz cool mit ihren Transistorradios und ihren Goldketten am Hals umher und machten die Touristinnen an. So versuchten sie, deren Aufmerksamkeit zu erhaschen. Viele von ihnen konnten nicht einmal Englisch. Ich erinnere mich, dass es damals einen Film eines berühmten Regisseurs gab, der das zum Thema machte: ›My name Kostas, I love you!‹. Viele griechische Filme haben in den 1970er und 1980er Jahren das Kamáki-Phänomen aufgegriffen. Die sehr zurückhaltenden Griechinnen haben aufgrund dieses Phänomens den Boden unter ihren Füßen verloren.«

Das Kamáki hat Spuren hinterlassen. Wie der Beifang beim Fischen, die kleinen, unedlen Fische, die von den Fischern aus den Netzen gepflückt und wieder ins Meer geworfen werden, wo sie oftmals verletzt verenden.

Renate, die seit langer Zeit auf Kreta lebt, hat einen Ratschlag für mich: »Wenn du wirklich alles über die Kamákia erfahren möchtest, dann musst du auch das Buch ›Griechenland der Frauen‹ lesen, das 1989 erschienen ist. Ein ganzes Kapitel befasst sich ausschließlich mit diesem Phänomen.«

Das im Verlag Frauenoffensive München erschienene Buch ist leider längst vergriffen. Dennoch finde ich ein gebrauchtes Exemplar im Internet. Und während ich noch auf die bestellte Ware warte, treffe ich Perikles. Als ich beiläufig erwähne, dass ich ein Kapitel über die Kamákia schreibe, ist er hellauf begeistert: »Ein Kapitel reicht aber nicht«, sagt er. Ja, das habe ich inzwischen auch gemerkt. Es gäbe sicher Stoff für eine ganze Reihe. »Wusstest du eigentlich, dass es in Náfplion sogar einen Kamáki-Verein gab?« Ich bin baff. Ein Aufreißerverein!

»Und du musst unbedingt das Buch von Vasilis Vasilikós lesen, ›Ta Kamákia‹«, ergänzt Perikles. Denn der komme auch aus Náfplion und habe ein faszinierendes Zeitzeugnis mit seinem Buch abgelegt. Also mache ich mich auch auf die Suche nach diesem Werk, doch das gestaltet sich noch schwieriger. Auch eine griechische Antiquariatsbuchhandlung kann mir nach Wochen des Suchens nicht helfen und meldet Fehlanzeige. »Ta Kamákia« gibt es nicht mehr.

Stattdessen lese ich »Griechenland der Frauen«, das bereits wenige Tage nach der Bestellung in meinem Postkasten liegt. Es stellt sich heraus, dass es ein wahrlich guter Tipp von Renate war. Im Kapitel »Frauen und Tourismus« wird das Thema Kamáki anschaulich von allen Blickwinkeln beschrieben. Insbesondere natürlich aus Sicht der griechischen Frauen. Mit dem Aufkommen des Tourismus hat sich nach Einschätzung der Autorin Mary Castelberg-Koulma deren Leben teilweise radikal verändert. Und das habe direkt mit den Kamákia zu tun. Zur Erklärung dieses Phänomens heißt es dort: »Im Griechischen bedeutet ›kamáki‹ Harpune, und ›kamáki machen‹ heißt, auf Touristinnenfang gehen. Die Analogie besagt, dass die Frau der Fisch ist.« Und: »Sicher ist, dass eine große Zahl von Männern aller Klassen, jeden Alters und Standes das zu Zeiten praktiziert hat.« Außerdem: »Das Alter der Kamákis reicht von 16 bis 60.«

So gesehen wäre das Kamáki vergleichbar mit dem Fischfang, doch wer jetzt einen Kamáki mit einem herkömmlichen deutschen Schlapphut tragenden Angler vergleicht, der findet einen deutlichen Unterschied: »Der Prototyp eines Kamáki ist stolz auf sein gutes Aussehen, seine Anziehung, seine Erfahrung mit Frauen und seine Fähigkeit, allen Arten von Frauen Gesellschaft leisten zu können.«[25] Das Aufkommen dieser Frauen fangenden

Kamákia hänge ursächlich mit dem Entstehen des Tourismus zusammen, erklärt der in den 1980er Jahren entstandene Text. Weiter geht die Autorin davon aus, dass die »westliche Verbraucherideologie« dahin tendiere, »jeden Urlaub unter dem Motto, von allem wegzukommen« zu leben und daher auch so zu vermarkten. In diesem Bedürfnis der Touristinnen würden »die Verhaltensmuster der Gäste oft verzerrt durch die Dringlichkeit, mit der sie sich im Urlaub, koste es was es wolle, amüsieren wollen«.[26] Aufbauend auf diesen Grundannahmen werden im Folgenden die Auswirkungen des aufkommenden Tourismus auf die Frauen in Griechenland betrachtet.

Die Autorin befragt verschiedene ausländische Touristinnen nach ihren Urlaubsmotiven und Feriengewohnheiten, und die Antworten zeigen, dass Entspannen das Allerwichtigste in den Ferien sei. Und genau daraus entwickele sich ein »überwältigendes persönliches Bedürfnis, die Dinge zu genießen«.[27] Eines dieser Entspannungsinstrumente scheint der griechische Dreizack gewesen zu sein.

Die vor dem Einsetzen des Tourismus ländliche Idylle, die harte Arbeit in der Landwirtschaft und das damals herrschende Rollenmodell in Griechenland prallte nun auf den Wunsch junger Touristinnen nach Entspannung und Abschalten. Der griechische Mann, der sich in diesen Zeiten traditionell für latent wichtiger gehalten hat als die Frau, wurde zum Jagdobjekt? Wendete er den auf ihn gerichteten Dreizack gegen seine Jägerinnen? Jedenfalls finden sich einige interessante Aussagen von Kamákis und über sie im Text: »Kamákis lügen die Ausländerinnen an und hintergehen sie« oder ein Kamáki antwortet auf die Frage nach seiner Ehrlichkeit: »Warum fragen sie uns nicht, ob wir jemals die Wahrheit sagen?« Ein anderer sagt: »Tatsächlich, wenn eine Ausländerin dich zum Ausgehen einlädt, verlangt sie von dir, mit ihr zu schlafen.«[28]

Die Autorin sieht zahlreiche Stereotype gegenüber den Touristen, auf Seiten der griechischen Gastgeber. Als Folge dieser seien unter anderem auch die unzähligen Postkarten mit blonden jungen Frauen entstanden, die noch heute in den Ansichtskartenständern der Touristengeschäfte auf Absender warten. Lasziv und halbnackt räkeln sich die an skandinavische Touristinnen erinnernden Modelle, teilweise fast pornografisch auf dem Postkarton. Die meisten Postkarten sind inzwischen vergilbt, denn das Internet hat auch ihnen den Rang abgelaufen. Die traditionelle Ansichtskarte wird immer weniger verschickt, stattdessen Urlaubsbilder per E-Mail und WhatsApp. Dennoch stellen die Besitzer der Touristenshops tagein, tagaus die Ansichtskartenständer mit den blonden Schwedinnen darin auf die Gehwege. Neben den Blondinen finden sich gleichzeitig auch zahlreiche Karten mit alten schwarzgekleideten griechischen Mütterchen oder auf Stöcke gebeugte greise Opas, die das traditionelle Griechenlandbild verkörpern sollen. Eine faszinierende Bandbreite, die den Touristen präsentiert wird. Und so verfestigte sich über die Jahrzehnte der Eindruck, dass griechische Frauen eher konservativ und unterdrückt seien, während die restliche Welt die sexuelle Befreiung feiere. In diesem Spannungsfeld wurden die griechischen Frauen indirekt zu Opfern falscher Stereotype. Die Autorin schreibt erklärend dazu: »Im Rahmen ihrer Kultur gelten die griechischen Frauen als Hüterinnen des Hauses, der privaten, von der öffentlichen getrennten Sphäre. (…) Doch auf spezielle Weise ist diese Rolle machtvoll und dient der Ergänzung der männlichen Rolle innerhalb dieses besonderen Wertesystems. (…) Mit dem Aufkommen des Tourismus und seinem überfallartigen Charakter hat sich dieser Kosmos geändert.« Schließlich fragt sie provokant: »Können wir denn behaupten, dass die Frauen aus dem Westen die Messlatte für die Befreiung darstellen?«[29]

Erst durch das Entstehen des Kamáki-Phänomens seien also Veränderungen eingetreten, die die griechischen Frauen direkt betreffen und sie zu Opfern werden ließ. Denn, so die Autorin: »Die sozialen Wirkungen des Tourismus beschränken sie auf eine zweitrangige Rolle.« Eine junge Griechin sagt dazu: »Sie [die Männer, Anmerkung A.D.] gehen dauernd mit den ausländischen Mädchen. Das heißt, uns griechischen Mädchen kommen sie nicht nahe. Nein, es ist nicht das, aber irgendwie lassen sie uns links liegen. Und irgendwie trifft dich das.« Eine verheiratete Griechin äußert ergänzend: »Das Gute beim Tourismus sind die Finanzen, aber schlechte Seiten gibt es viele.«[30]

Männer, die ihr hart erarbeitetes Geld im Rausch der Sinne mit den erholungsbedürftigen Touristinnen verprassen oder verheiratete Männer, die ihre Familie für eine ausländische Frau sitzen lassen. Und so fragen sich viele griechische Frauen, wer Schuld an der Misere hat: die Männer, die Kamákia oder der Tourismus. Jedenfalls hat sich seit dem Einzug des Tourismus etwas am Zusammenleben zwischen Mann und Frau verändert.

»Zuerst einmal sind die Frauen Spielerinnen am Rande geworden und das auf dem eigenen Spielfeld.«[31] Und die Kamákia haben ihr ganz eigenes Spielzeug für ihren Beutezug entdeckt. Der Dreizack als Symbol für die Ausbeutung der Touristinnen und gleichzeitig der einheimischen Frauen? Wenn man es positiv ausdrücken möchte, kann man vielleicht sagen, dass in den griechischen Männern ein ausgeprägter Instinkt für das Schöne im Leben schlummert und sie einen erkennbar deutlichen Spieltrieb haben.

Diesen Gedanken nachgehend erinnere ich mich, dass ein – vielleicht halbprofessioneller – Kamáki einmal zu mir gesagt hat:

»Wir haben doch alle einen Blick für das Schöne. Das Meer, die Sonne, bunte Blumen. Das finden wir attraktiv und sehen es gerne an. Und alle Frauen sind doch Blumen. Wir möchten sie ansehen, an ihnen schnuppern und sie pflücken.« Neben uns saß damals ein etwa gleichaltriger Fischer:

»Ach, hör doch auf mit deinen Blumenpredigten, ich kann es nicht mehr hören. Ich geh zum OPAP und schaue nach meinen Tipps.« Das OPAP ist die griechische Lotteriegesellschaft, bei der Fußballwetten ein verrückt boomendes Geschäftsmodell geworden sind. Unzählige griechische Männer verzocken heute ein kleines Vermögen, weil sie auf Fußballspiele in aller Herren Länder wetten. Vermutlich sind unter ihnen auch viele der damaligen Kamákia. Einen solchen echten Kamáki würde ich gerne auch noch ausfindig machen.

Wochen nachdem ich mit den Frauen gesprochen und das Buch »Griechenland der Frauen« gelesen hatte, schreibe ich spontan eine E-Mail an einen Freund, der heute in München lebt. Ich hatte die Idee, das andere Buch »Ta Kamáki« vielleicht doch noch irgendwo zu finden, nicht aufgegeben. Manólis stammt, wie der Autor dieses Buches, aus Náfplion, hat ungefähr das passende Alter, um vielleicht mehr über die Zeit der Kamákia zu wissen und vielleicht hat er eine Idee, wo ich dieses Buch finden kann. Ich schreibe ihm also, ob er etwas über die Kamákia weiß und ob er vielleicht sogar von diesem Verein gehört habe, von dem Perikles erzählt hatte. Seine Antwort kommt innerhalb weniger Minuten: »Ich war einer von ihnen!«

Völlig baff blicke ich auf den Bildschirm. Ich kann es kaum glauben. Ein Zufallstreffer und dass, obwohl ich Manólis seit vielen Jahren kenne. Davon hatte ich keine Ahnung. Manólis war tatsächlich Mitglied der »Organisation Oktopus«! Ein Zusammenschluss der Kamákia von Náfplion und Umgebung. Aber auch Männer aus

Athen, die im Sommer dort an der Küste der Argólis auf Jagd mit dem Dreizack gingen, waren Mitglieder der Organisation. Ich lese weiter in der E-Mail:

Manolis schreibt: »Um 1960 hat es angefangen bei uns in Náfplion. Eine Zeit lang war ich auch dabei. Ich erinnere mich, es muss im Jahr 1962 gewesen sein, da hatte eines der Mitglieder der ›Organisation Oktopus‹ einen guten Tipp. Er arbeitete im Tourismus, organisierte auch den Transfer der Touristen von Athen nach Náfplion und Toló. Eines Tages informierte er uns also, dass 40 Französinnen mit einem Reisebus abgeholt werden würden. Unsere Organisation wurde natürlich sofort aktiv: Wir haben es tatsächlich fertig gebracht, den Busfahrer zu bestechen. Er fuhr mit seinem Bus nicht zum Hotel, sondern direkt zu einem bekannten Veranstaltungsort außerhalb von Mykene, wo wir bereits alles vorbereitet hatten und die Touristinnen erwarteten. Was soll ich sagen, wir verbrachten eine schöne Zeit dort.«

Während ich die Zeilen lese, sehe ich Manólis verschmitzt lächeln. Noch heute ist er ein gutaussehender, sympathischer Mann. Er versteht es, sein Gegenüber mit spannenden Geschichten zu unterhalten und er ist schlagfertig und humorvoll. Sicherlich war er für viele Touristinnen der 60er Jahre ein interessanter Südländer. In einer weiteren E-Mail frage ich ihn, ob sie damals typische Phrasen hatten, mit denen sie die Touristinnen ansprachen, und das Gespräch in Gang brachten. So ganz genau kann er sich nicht erinnern, aber:

»Wir Kamákia hatten einen sehr leckeren Dialekt und er war immer auch ein wenig vermischt mit den Sprachen, die die Touristinnen damals sprachen. Ich erinnere mich zum Beispiel an zwei Ausdrücke, die wir gerne gegenüber Französinnen verwendeten: ›Dans la Thaláss il y á beakoup d'achiní!‹ (– Im Meer gibt es viele Seeigel!) Oder: ›Parlais vous francais?‹ Und die Antwort war: ›Makaroni fricasée!‹«

Vor meinem geistigen Auge sehe ich eine Horde pubertierender junger Männer durch die sommerlichen Gassen von Náfplion und Toló flanieren, auf der Suche nach immer neuen jungen Touristinnen. Aus diesen Berichten scheint es mir ein Spiel gewesen zu sein. Scherzhaft, mit dem damals für lustig empfundenen Wortwitz, aber scheinbar nicht übertrieben aufdringlich. Und Manólis beginnt im weiteren Verlauf seiner E-Mail eine Aufzählung weiterer Mitglieder der »Organisation Oktopus«, die ich möglichst alle auch besuchen soll: Mimi, Jannis, Kostas, Konstantínos, ein weiterer Kostas und so weiter. Ich ahne, dass es für Gespräche mit ihnen eines ganzen Buchs bedürfe. Manólis erinnert sich, dass einer von ihnen damals ab 1965 die »Jannis Bar« in Toló betrieb. Von 1965 bis 1985 haben sich die Kamákia dort versammelt, um junge Frauen kennenzulernen.

© Foto Klaus Bötig, Schuster in Arta, 70er-Jahre

Die große Zeit der Kamákia ist inzwischen vorbei. Auch in Toló. Doch Manólis weiß, dass sich ein bisschen des damaligen Flairs erhalten hat. Es gibt immer noch ein, zwei Hotelbars, in denen in den Sommer-monaten einmal in der Woche eine »Greek Night« oder ein »Greek Evening« gefeiert wird. Auch heute noch könne man dort schöne Augenblicke erleben, weiß Manólis, und schwelgt in Erinnerungen an die gute alte Zeit. Während ich Manólis' E-Mails lese, erinnere ich mich, dass mir Klaus vor einiger Zeit ein Foto aus der Hochzeit der Kamákia geschickt hatte.

Als ich diesen Text über die Kamákia schreibe, grinst mich vom Schreibtisch der Papp-Poseidon an und erinnert mich daran, dass ich ja eigentlich den Kamáki vom Papierkönigreich haben wollte. Zu dieser Zeit konnte ich nicht wissen, dass ich bei meinem nächsten Besuch in Athen tatsächlich fündig werden würde.

Ich hatte im Internet gelesen, dass sie in einer der größten Buchhandlungen der Stadt, mitten auf der Akadimáas-Straße, das komplette Sortiment von Xartobasíleion vorrätig haben würden, und so mache ich mich eines Tages auf den Weg dorthin. Nach einigem Suchen auf verschiedenen Etagen der verwirrend sortierten Buchhandlung finde ich im Untergeschoss das Papierkönigreich-Regal. Schon von weitem erahne ich, dass hier nur ein Bruchteil des Sortiments tatsächlich vorrätig sein kann. Je näher ich komme, desto mehr schwindet meine Hoffnung, doch dann entdecke ich im Regal doch noch das Gesuchte. Es war etwas nach hinten gerutscht, hinter die anderen Produkte, und so hätte ich es beinahe übersehen. Wie eine Harpune schießt meine Hand zielsicher ins Regal, um erbarmungslos zuzupacken. Und so halte ich stolz den allerletzten Kamáki wie einen Pokal in die Höhe.

Er trinkt Frappé und hat eine coole Sonnenbrille auf. Ich muss Schmunzeln, weil ich in diesem Augenblick an mein Kaffeetreffen mit Spyros erinnert werde. Als ich im hippen In-Café auf dem Agias-Irinis-Platz einen Frappé bestellte und man mir sagte, dass sie diesen nicht hätten, war ich erschrocken. Kein Frappé, kein Kamáki, die griechische Welt war im Wandel.

Einen Tag später bin ich am Monastiráki-Platz mit einem Freund verabredet. Während ich vor der U-Bahn-Station auf ihn warte, beobachte ich die Menschen, die wuselig durch die laue Abendluft huschen. Es ist einer der beliebtesten Treffpunkte Athens zum abendlichen Ausgehen. Ganz in meiner Nähe wartet eine junge Frau, vermutlich Griechin. Sie tippt aufgeregt auf ihrem Handy herum und sieht sich wartend um. Direkt neben ihr steht ein junger, etwa gleichaltriger Mann, der ebenso eifrig ins Smartphone tippt. Zwei, drei Nachrichten später sehen die beiden sich plötzlich an. Offensichtlich haben sie sich zuvor noch nie gesehen. Neugierige Blicke werden ausgetauscht, eine freundliche Begrüßung und dann geht urplötzlich alles ganz schnell. Das Mädchen wirft sich wortlos dem Jungen in die Arme und beginnt eine wilde, leidenschaftliche Knutscherei. Erstaunt blicke ich schmunzelnd über den belebten Platz. Wow, denke ich, dieses Blind Date hat es in sich. Vielleicht gibt es Kamákia ja doch noch. Der Dreizack ist möglicherweise einfach nur dem Smartphone gewichen. Ich erinnere mich an das, was mir Chryssoula aus Athen auch noch gesagt hatte, als ich mit ihr über die Kamákia sprach: »Heute haben sich die Dinge geändert. Es gibt das Internet, Handys und so weiter. Das Kamáki gibt es jetzt nur noch im Internet.«

Als ich wenige Tage später am Athener Flughafen auf das Boarding für meinen Flug zurück nach Deutschland warte, mache ich mir Gedanken über den Text über das Kamáki-Phänomen. Beim Gang zum Flieger entdecke ich plötzlich eine interessante Werbung an der Wand der Fluggastbrücke, bei der ich spontan wieder an das Bild aus Arta erinnert werde. Auf eine gewisse Art und Weise ähneln sie sich. Schnell greife ich also zur Kamera und drücke auf den Auslöser, um dieses »unbezahlbare« Werbeplakat instinktiv abzulichten. Vielleicht gibt es das Kamáki ja doch nicht nur noch im Internet:

© Foto Andreas Deffner, Mastercard-Werbeplakat am Athener Flughafen, 2018

Wenige Tage später lese ich einen Artikel in der Griechenland Zeitung:

»Eine beachtliche Zunahme der sexuellen Tätigkeit unter griechischen Männern stellte unlängst eine Studie des Andrologischen Instituts Athen fest, die im Vorfeld einer Tagung zur menschlichen Sexualität am Wochenende veröffentlicht wurde. Die sexuelle Aktivität habe ›trotz oder wegen der Wirtschaftskrise und der damit verbundenen Unsicherheit abgehoben‹, interpretierte der Urologe Konstantínos Konstantinidis die Studienergebnisse gegenüber der Presse. Demnach haben die sexuellen Kontakte der 18- bis 34-Jährigen im letzten Jahr gegenüber dem Vorjahr um 35% zugenommen, in der Altersgruppe bis 54 Jahren lag die Zunahme bei 30% und bei den noch älteren Männern bei 27%. ›Eigentlich würde man erwarten, dass die ganze Unsicherheit sich negativ auf die Sexualität ausgewirkt hätte‹, sagte Dr. Konstantinidis.«[32] Tja, eigentlich. Die Griechen sind jedoch immer für eine Überraschung gut, und sie sind gut vernetzt. Auch im Internet.

Jetzt wird es aber wirklich Zeit, dass ich endlich den Kamáki aus Pappe aufbaue! Als die in Deutschland viel zu selten hinter den dicken Wolken hervorblickende Sonne endlich einmal durch das Fenster scheint, mache ich mir einen Frappé und setze mich erwartungsvoll mit dem DIN A4 Umschlag des Papierkönigreichs an den Tisch. Er enthält den letzten Kamáki. Ich hole den papierenen Lüstling aus seiner Verpackung und löse die perforierten Pappteile. Wenig später steht er lasziv lächelnd vor mir auf dem Schreibtisch und saugt an einer Zigarette, während er mir mit seinem Frappé zuwinkt. Ich proste mit meinem zurück. Das Kreuz an seiner Goldkette glänzt in der Sonne und diese spiegelt sich auf seiner Sonnenbrille. Auf seiner Wange sind noch die Reste eines lippenstiftigen Kussmundes zu erkennen. Der Pappkamerad scheint ein erfolgreicher Kamáki zu sein.

Ebenso wie Poseidon hat auch der Kamáki seine Sprechblasen vorgefertigt dabei. An Manolis erinnert erwarte ich:»Parlais vous francais? Makaroni fricasée!«, doch mein Pappkamáki ist einfallsreicher und ebenso bilingual. Er hat eine griechische und eine englische Phrase für die Damen dabei. Auf seiner englischen Sprechblase steht geschrieben: »Pssssssst!!! Hello baby! Where you from? Kiss me! Do you want a cigarette? Let's go for a coffee! I'm a modern 80's lover boy! You like? I love you baby!!«

Die griechische Sprechblase ist kleiner. Vermutlich hat er sie nie benutzt, denn die wenigsten Touristinnen sprechen seine Muttersprache. Gleichwohl klingt es verführerisch: »ΠΩ-ΠΩ--ΠΩ ένα μανούλι!!! Να κεράσω φραπεδάκι; Τσιγαράκι; Είσαι για ποτό το βράδυ; Βάζω την ιδέα, βάζεις την παρέα; Μωρό μου …« (Uih-uih-uih ein Mütterchen!!! Darf ich dir einen Frappé ausgeben? Ein Zigarettchen? Kommst du heute Abend mit was trinken? Ich füge die Ideen, leistest du mir Gesellschaft? Mein Baby …).

Taramakroketten
Ταραμοκροκέτες

Eines Tages fand ich noch ein Töpfchen Tarama (griechische Fischrogenpaste) im Kühlschrank. Als feiner Brotaufstrich und Dip zu frischem Baguette ist es immer eine Bereicherung, doch ich fragte mich, was man damit wohl noch alles anstellen könnte. Ich versuchte mich an Kroketten und das Ergebnis hat mich begeistert!

Zutaten:
5-6 feingehackte weiße Zwiebeln, 2 Kartoffeln, 150 g Tarama, 100 g Mehl, Salz, Pfeffer, Oregano, 4 EL Olivenöl, Paniermehl, Sonnenblumenöl

Zubereitung:
Kartoffeln, wie für Reibepfannkuchen, fein reiben. Zwiebeln, Kartoffeln, Tarama, Mehl und Olivenöl zu einer breiigen Masse verrühren und mit Salz, Pfeffer und Oregano würzen. Aus der Masse Kroketten formen und diese im Paniermehl wenden. Kroketten im heißen Sonnenblumenöl solange von allen Seiten braten, bis sie goldbraun sind. Auf Küchenpapier abtropfen lassen und heiß servieren.

Tipp:
Dazu passt ein griechischer Bauernsalat und Retsína!

15

AUS DEM ERSTE-HILFE-KOFFER VON
ALEXANDER DEM GROßEN
Auf den Aloe-Vera-Feldern von Epídauros

Schon häufiger war ich in Epídauros an einem Schild mit der Aufschrift »Epídavros Aloe« vorbeigefahren. Irgendwann packte mich die Neugier. Im Internet fand ich die dazugehörige Firma und rief spontan an, um einen Besuch zu vereinbaren. Schon wenige Wochen später, an einem heißen Maiwochenende, war ich auf dem Weg nach Alt-Epídauros. Die Gegend rund um den kleinen Hafenort ist berühmt für ihre einzigartig schmackhaften Orangen. Hier, in der fruchtigen Ebene am nördlichen Peloponnes, ganz in der Nähe des weltberühmten antiken Theaters von Epídauros, finden die Pflanzen ideale Bedingungen. Schon von weitem sieht man die vielen Hektar sattgrüner Plantagen.

Ich bin auf der Straße von Galatás in Richtung Epídauros. Kurz bevor die Küstenstraße in die Ebene herabführt, findet sich rechterhand am Straßenrand eine Art kleiner Parkplatz mit einer beeindruckenden Aussicht auf den Saronischen Golf mit seinen Inseln Póros, Ägina und Angístri und der Vulkanhalbinsel Méthana, die Küstenlinie der Peloponnes und bei klarer Sicht bis hinüber nach Athen. An diesem beeindruckenden Aussichtspunkt verkauft seit vielen Jahren eine ältere Frau an ihrem Straßenstand diverses Obst, frische Früchte aus ihrem Garten, Pistazien, Honig, frische Eier und was das Land so hergibt. Regelmäßig halte ich hier an, um die einzigartige Aussicht zu genießen, und jedes Mal nehme ich mir Zeit für einen kleinen Plausch mit der herzensguten Verkäuferin, probiere das eine oder andere frische Obst oder greife zu den wahnsinnig leckeren Pistazien. Von diesen kaufe ich meist ein ganzes Kilo. So auch heute. Die gute Frau möchte wissen, wohin ich diesmal auf dem Weg sei und so erzähle ich ihr von meinem Vorhaben, die Aloe-Vera-Farm von Epídauros zu besuchen. Bei der Gelegenheit frage ich sie nach einer Wegbeschreibung. Sie grübelt, legt die Stirn in Falten, dreht sich dann zu ihrem Mann um, der gerade dabei ist, frische Nektarinen von einem kleinen Transporter abzuladen. Auch er ist sich nicht ganz sicher. Zwar hatte er natürlich von der Farm gehört, die Straßenschilder auch an verschiedenen Stellen gesehen, doch wo sich genau die Plantage befindet, weiß er leider auch nicht. Es macht nichts, sage ich zu den beiden. Ich werde einfach der Ausschilderung folgen. Dann verabschiede ich mich, wünsche eine schöne Woche und rufe ihr noch zu, dass ich sicher in Kürze wieder zum Obst- und Gemüseeinkauf vorbei kommen werde. Und natürlich wegen ihrer Pistazien.

Über die Straße entlang der Steilküste sind es nun nur noch rund 5 Minuten bis zum Abzweig nach Alt-Epídauros. Am Kreisverkehr, an dem man in Richtung des Dorfkerns und zum Hafen abbiegen kann, finden sich die Hinweisschilder der Aloe-Vera-Farm. Und auch rechts und links am Straßenrand, an den Zäunen der angrenzenden Orangenplantagen, sind sie zahlreich aufgehängt. Was mich ein wenig irritiert: Keines dieser Schilder enthält einen Richtungshinweis. So kann ich nur erahnen, ob ich mich geradeaus, rechts oder links halten muss. Nach wenigen hundert Metern biege ich einfach mal rechts ab und folge dem Straßenverlauf durch Orangenplantagen. Hier und da sehe ich wieder die Schilder der Farm von Pános und Erika, denen ich am Telefon meinen Besuch angekündigt hatte. Leider hatte ich vergessen, nach dem Weg zu fragen. Das rächt sich nun. Weit und breit ist niemand zu sehen.

An dem nächsten Bauernhaus halte ich an. Fenster stehen auf, Wäsche hängt auf der Leine und vor der Tür steht ein landwirtschaftliches Transportfahrzeug. Habe ich etwa zufällig den Weg gefunden? Ich steige aus, laufe ums Haus, rufe durch die offenen Fenster, doch es scheint niemand zuhause zu sein. So hat es keinen Sinn. Ich greife zum Telefon und rufe Erika an, um sie nach dem Weg zu fragen. Doch es gestaltet sich schwierig, da ich meinen genauen Aufenthaltsort scheinbar nicht deutlich genug beschreiben kann. »Also, hier ist ein weißes Bauernhaus und rechts und links sind Orangenplantagen«, sage ich ins Telefon und ich höre Erika förmlich die Stirn runzeln. Schließlich schlägt sie vor, dass wir uns besser am Hafen treffen sollten. Sie komme dorthin, um mich abzuholen.

Wenige Minuten später winkt mir eine sympathische Frau in den besten Jahren mit weit ausholenden Armbewegungen zu. Nach einer herzlichen Begrüßung geht es endlich zu den Pflanzen auf die Plantage. Mit meinem Auto folge ich Erika, die vor mir auf einem Motorroller sitzt und geschickt die kleinen Straßen durch die Orangenfelder ansteuert. Ich war zuvor gar nicht so sehr weit entfernt, doch durch das Labyrinth, das die winzigen Schotterwege zwischen den Feldern strickt, kann man ohne eine sinnvolle Ausschilderung nicht hinausfinden. Irgendwo, mitten in der fruchtbaren Ebene und am Fuße eines sanft aufsteigenden Hanges, steigt Erika schließlich vom Roller.

»Hier sind wir, das sind unsere Aloe-Felder!« Erika deutet mit einer ausholenden Handbewegung über ein weitläufiges, umzäuntes Areal und öffnet das Vorhängeschloss an einem der Tore, damit wir uns die Wunderpflanzen aus nächster Nähe ansehen können.

Rund 500 verschiedene Aloe-Vera-Arten gibt es weltweit, doch nur die echte Aloe Vera Barbadensis ist als Heilpflanze wirklich zu gebrauchen. Erika und Pános bauen natürlich diese Art an, die wissenschaftlich »Aloe Vera Barbadensis Miller« genannt wird. Die Pflanzen haben einen nur sehr kurzen, kaum erkennbaren Stamm und lanzettförmige, glatte Blätter. Diese harten »Arme« der Pflanze werden etwa einen halben Meter lang und sind etwa 6 bis 7 Zentimeter breit. Saftig grün bis graugrün wachsen sie in dichten Rosetten in Bodennähe. An ihren Rändern sitzen kleine zahnähnliche Dornen. An einigen der Pflanzen sind noch die letzten, inzwischen vertrockneten gelben Blüten zu sehen, die auf langen Blütenständen aus der Pflanze herausragen.

Schon in der Antike wurde die Aloe Vera als Heilpflanze geschätzt. In Ägypten wurde vermutlich bereits vor 6.000 Jahren ein Aloe-Saft hergestellt. Die Aloe Vera galt als »Pflanze der Unsterblichkeit«. Cleopatra und Nofretete nutzten angeblich ihren Saft zur täglichen Schönheitspflege und zu ihrer Zeit wurden Tote mit Aloe Vera einbalsamiert. Zahlreiche gesundheitsfördernde Eigenschaften wurden dieser Wunderpflanze bereits vor vielen Tausend Jahren zugesprochen. Zur Wundbehandlung, bei Magen- und Darmbeschwerden, bei Entzündungen und Gelenkschmerzen bis hin zu Haarausfall und Sonnenbrand wurde sie eingesetzt. Ein begeisterter Anhänger ihrer Heilwirkung war auch Alexander der Große: Während seiner Feldzüge führte er mit Aloe Vera bepflanzte Wagen mit, um immer einen ausreichenden Vorrat dabei zu haben. Seine verletzten Krieger ließ er mit dem Saft der Pflanze behandeln.

Es ist fast eine mystische Stimmung, als wir über die fruchtbaren Felder spazieren und über die kaktusähnlichen Pflanzen steigen. Einige wenige Olivenbäume durchbrechen die Eintönigkeit des Feldes. Ich stutze, als ich eine Knolle in einem der Olivenbäume aufgehängt finde.

»Was ist das dort im Baum?«, frage ich Erika.

»Eine große Knoblauchknolle.« Sie lacht und meint, ich solle es nicht ganz ernst nehmen, aber Pános, ihr

Lebensgefährte, sei etwas abergläubisch. Wer weiß, vielleicht vertreibt der Knoblauch ja tatsächlich die bösen Geister oder Vampire vom Aloe-Hain.

Ich mache noch einige Fotos von den Pflanzen, von Erika in ihrer Plantage und dem Knoblauch-Talisman im Ölbaum. Das Feld ist weitflächig mit Unkrautvlies abgedeckt, damit möglichst nur die Aloe Vera wächst, doch der fruchtbare Boden lässt immer wieder auch anderes Grün heranwachsen. »Dieses viele Unkraut, es hört einfach nie auf. Es ist uferlos.« Erika bückt sich plötzlich und zupft an einer wunderschönen knallroten Mohnblume. »Hier, das Zeug zum Beispiel, es ist irgendwann überall. Ein bisschen Regen, danach die Sonne und es gedeiht.« Erika wirkt jetzt erschöpft mit dem Mohn-Unkraut in der Hand. »Komm, wir gehen zum Haus und probieren den Aloe-Saft.«

Nur wenige hundert Meter von den Feldern entfernt liegt inmitten der grünen landwirtschaftlichen Ebene das Anwesen der Aloe-Farmer. Wir setzen uns in den Garten, in den Schatten einer gigantischen Palme. Erika hat offensichtlich einen grünen Daumen. Das Palmendach hält die sengenden Sonnenstrahlen ab und so können wir uns ungestört über das junge Unternehmen unterhalten.

Erika ist Schweizerin, gelernte Hebamme und hat als solche lange in einer Athener Klinik gearbeitet. 2012 haben Pános und sie dann jedoch einem ganz anderem Baby auf die Welt geholfen, ihrer kleinen Firma »Epídavros Aloe Vera«.

»Wir waren auf der Suche nach etwas Neuem«, sagt Erika. »Ich habe dann meinen Job in Athen aufgegeben und wir haben mit 400 Pflanzen angefangen.«

Die Geschäftsidee kam ihr zufällig in den Sinn. Eines Tages hatte sich einer ihrer Hunde verletzt. Eine eitrige Verletzung, die Erika mit einem Stück wilder Aloe Vera behandelte. Schon kurz darauf war der Hund kerngesund und wuselte wieder durch den Garten.»Und so haben wir gedacht, versuchen wir doch diese Wunderpflanze anzubauen.«

Inzwischen lebt Erika seit sieben Jahren mit ihrem Lebensgefährten zusammen in Epídauros. Pános hat große Erfahrung in der Landwirtschaft und viele Jahre verkaufte er seine Orangen, Grapefruits und Zitronen auf den Wochenmärkten der Umgebung und in Athen. Doch das Geschäft mit den geschmacksintensiven Zitrusfrüchten wurde zunehmend schwieriger, ein erträgliches Auskommen ließ sich damit kaum noch erzielen, und so war es letztlich ein dem Hund zu verdankender Glücksgriff, dass sie sich auf Aloe Vera spezialisierten. Aus den 400 Pflanzen, mit denen sie 2012, mitten in der Wirtschaftskrise, angefangen haben, sind inzwischen 10.000 geworden. Ein Zuwachs um 2500 Prozent (!) in sechs Jahren, das entspricht einem jährlichen Wachstum von über 400 Prozent.

Wie sie das alles bewältigen, will ich von Erika wissen und sie erzählt, dass sie inzwischen Angestellte beschäftigen. »Alleine das Unkraut«, sagt Erika und wiederholt das bereits auf dem Feld Gesagte: »Es hört ja nie auf. Das ist einfach uferlos.« Und da sie einen biologisch zertifizierten Betrieb führen, gehört der Wildwuchs nun einmal dazu. Erika ergänzt: »Ich werfe nichts weg von meinen Pflanzen. Das Grüne der Blätter, das Äußere, also die dicke Haut, die übrig bleibt, wenn ich die Aloe filetiere, das benutzen wir als natürlichen Dünger. So haben wir keinen Abfall bei der Produktion.«

Zwischenzeitlich hat die Chefin auf einem kleinen Tischchen unter der gigantischen Palme ihre Produkte aufgebaut. Aus einer 0,5 Liter Flasche gießt sie den Aloe-Saft ihrer Pflanzen auf einen Esslöffel. Gelartig zieht sich die zähe Flüssigkeit wie heißer Schweizer Käse aus dem Behältnis und setzt sich milchig auf den Löffel, den mir Erika zum Probieren hinhält. Als sie meinen etwas verwunderten

Blick sieht, sagt sie: »Die Leute wollen es genau so haben.« Man könnte es feiner pürieren, so dass es flüssiger aussehen würde, doch dann hätten ihre Kunden Bedenken, dass es mit Wasser gepantscht sein könnte. Die Griechen achten besonders auf eine exzellente Qualität, wenn sie schon Bio-Ware kaufen. Ich probiere den Gelee auf meinem Löffel. Er schmeckt gewöhnungsbedürftig. Es ist nicht so sehr der leicht bittere Geschmack, sondern die glitschig-zähe Konsistenz, die zumindest ungewöhnlich ist.

»Ich trinke es am liebsten im Orangensaft«, sagt Erika und mischt einen Löffel des Aloe-Saftes in ein Glas mit frisch gepressten Orangensaft. »Hier, probier das!«

Schon oft hatte ich mir aus Epídauros-Orangen Saft gepresst, doch was sich nun in meinem Mund abspielt ist eine nicht erwartete Offenbarung. Der gelartige Aloe-Saft wirkt wie verwandelt im O-Saft und macht diesen Drink zu einem königlichen. Mich würde es nicht wundern, wenn Alexander der Große auch Orangenbäume aus Epídauros auf seinen Feldzügen mitgeführt hätte. Erika erinnert mich daran, dass die blutstillende Heilpflanze auch noch gegen zahlreiche gesundheitliche Beschwerden hilft. Nicht nur bei kleinen Wunden und Verbrennungen wirkt sie, sondern auch bei Magen-Darm-Beschwerden, gegen Sodbrennen oder bei chronischen Entzündungen etwa bei Morbus Crohn, einer schweren Darmerkrankung.

»Diese Patienten haben großen Erfolg mit der Aloe. Denen geht es echt viel besser«, sagt Erika. »Ich habe eine Kundin in Athen, eine Morbus-Crohn-Patientin, die jetzt seit drei Jahren nicht mehr ins Krankenhaus musste.«

Die Dosierung ist denkbar einfach. Jeden Tag zwei Esslöffel des Aloe-Saftes und die Gesundheit wird es einem danken. Entweder nimmt man morgens und abends jeweils einen Löffel, zum Beispiel in Orangensaft gemischt, oder direkt zwei Löffel auf einmal. Nach etwa einem

Monat stellt sich eine deutliche Verbesserung des Wohlbefindens ein, meint Erika.

»Der Cholesterinspiegel wird gesenkt, das Immunsystem gestärkt. Früher hatte ich jeden Winter eine heftige Erkältung, aber inzwischen bin ich seit drei Jahren völlig erkältungsfrei durch das Jahr gekommen.«

»Ihr liebt das, was ihr hier macht, das merkt man wirklich!«

»Ja, das stimmt!« Erika blickt freudestrahlend zu ihren Aloe-Produkten. »Es war ganz neu für uns. Und es war spannend vom ersten Tag an. Unser kleines Unternehmen wurde immer größer, so wie die Pflanzen sich vermehrten. Und langsam stellte sich der Erfolg ein. Es war schön zu erleben, wie aus unserem Baby ein Kind wurde.«

Die gelernte Hebamme wirkt stolz. »Ihr solltet darüber nachdenken, auch zu exportieren. Die Leute im Ausland würden verrückt werden, wenn sie Aloe-Orangensaft aus Epídauros kaufen könnten«, sage ich.

»Bislang verkaufen wir nur in Griechenland, aber wir denken darüber nach, auch andere Märkte zu beliefern. Doch für uns als Kleinunternehmen ist das nicht ganz einfach.«

Nach dem Saft stellt Erika nun einen kleinen Spender auf den Tisch. »Das hier ist unser Serum fürs Gesicht. Probiere es mal aus! Es wirkt straffend und ist gut geeignet für unreine Haut.«

Ich trage nur wenige Tropfen auf mein Gesicht auf und die Wirkung ist verblüffend. »Es fühlt sich toll an!«, rufe ich erstaunt sofort aus, und Erika nickt wissend. Währenddessen stellt sie bereits das nächste Produkt auf den Tisch. »Unser After Sun. Das haben wir dieses Jahr ganz neu zur Sommersaison.«

Auch dieses wirkt auf der Haut umgehend und es kühlt unglaublich angenehm.

»Es fühlt sich sehr angenehm an. Wahnsinnig gut!«

Erika nickt und sagt: »Das sind also bislang unsere Produkte.«

»Wo kann ich die kaufen?«, will ich von Erika wissen.

»Du kannst sie bei uns bestellen oder in Bioläden findest du sie. Und wir haben jemanden in Athen, die Sammelbestellungen aufnimmt. Alle zwei Wochen kommt sie her, belädt ihren Wagen und beliefert die Athener Kundschaft. Der Aloe-Saft hält sich ungekühlt etwa eine Woche. Danach im Kühlschrank noch weitere vier bis sechs Wochen.«

Ich bin wirklich begeistert von dem, was diese Heilpflanze hergibt, und würde mir gerne noch die Produktionsräume ansehen, doch da kommt Erikas schweizerische Gründlichkeit durch: »In meine Werkstatt kann ich dich leider nicht lassen. Es ist alles Handarbeit und das Wichtigste ist dabei absolute Hygiene. Die Produktion ist eigentlich nicht schwierig, aber man muss gründlich arbeiten.«

Erika beschreibt mir statt eines Werkstattbesuchs das, was sie dort mit den Pflanzen anstellt: »Die Blätter werden geschält und gewaschen, danach wird das Gel filetiert. Anschließend wird er noch einmal gründlich gewaschen und schließlich verarbeitet.« Wie genau, will sie mir nicht verraten, denn ein kleines Betriebsgeheimnis muss schließlich gewahrt bleiben. Die Schweizerin und ihr griechischer Lebensgefährte haben es jedenfalls geschafft, ein wahres Stück Handwerkskunst zu vermarkten. 100 Prozent Bio und zertifiziert vom TÜV Austria/Hellas, wie ich auf dem kleinen Flyer lese, den mir Erika mit meinen erworbenen Produkten zum Abschied in die Hand drückt. Als ich ihn mir später genauer ansehe, finde ich Therapiehinweise und Angaben darüber, für welche Indikationen die Aloe wirkungsvoll hilft. Auf der letzten Seite ist eine ausführliche Karte von Epídauros mit einer Wegbeschreibung abgedruckt, wie sie auch auf der Homepage[33] des jungen Unternehmens zur Verfügung steht. Wir befinden uns ganz in der Nähe der berühmten versunken Stadt, die nur knapp unter der Meeresoberfläche, wenige Meter von der Küste des kleinen Hafenstädtchens entfernt, verborgen liegt. Hätte ich vorher auf die Karte gesehen, wäre mir die Suche nach der Plantage erspart geblieben.

»Wir haben neue Schilder bestellt, die den Weg zu uns weisen sollen. In Kürze werden wir sie anbringen. Bei deinem nächsten Besuch findest du uns dann ganz einfach«, sagt Erika zum Abschied.

Ganz sicher werde ich wieder bei ihr und Pános vorbeischauen. Alleine schon um zu sehen, wie weit sich ihre Aloe Vera dann ausgebreitet haben wird. Die Pflanze bildet Ableger, die sich wie ein Krebsgeschwür in alle Richtungen ausbreiten. Die Aloe vermehrt sich beinahe wie Unkraut, doch sie ist eine der wichtigsten Heilpflanzen, die die Menschheit je entdeckt hat. Sie verbreitet Hoffnung und hilft der Gesundheit.

Zum Abschied winke ich Erika aus dem Auto zu und fahre wieder durch die Orangenplantagen, die ihren Besitzern kaum noch genug wirtschaftlichen Ertrag zum Überleben einbringen. Dabei sind die Orangen aus Epídauros ein kongenialer Partner der Aloe Vera. Und die Heilpflanze ist ein gutes Beispiel dafür, dass sich aus ganz wenig wieder ganz viel entwickeln kann.

Griechenland steckt 2018 noch immer mitten in der schweren Wirtschaftskrise. Aber es gibt immer wieder kleine Hoffnungsschimmer am Horizont. Hoffentlich gelingt es, mit einem Blick auf die positiven Dinge, das Land wieder weit nach vorne zu bringen. Potential dazu hat es reichlich und dazu in beeindruckender Qualität. Erika und Pános leben es mit ihrer Leidenschaft für ihre ausgezeichneten Produkte.

DANKSAGUNG

Nach vielen spannenden Geschichten, Erzählungen und Erlebnissen ist es nicht ganz leicht, ein solches Buch einfach zuzuklappen. Es ist mir wirklich sehr ans Herz gewachsen. Ebenso all die vielen Freunde, die im Buch genannt sind oder auch nicht namentlich auftauchen, aber mich so zahlreich dabei unterstützt haben. Sie alle aufzuzählen, würde zu lange dauern. Euch gilt mein großer Dank!

Ich habe dieses Buch der »verlorenen Generation« gewidmet. Ich bin überzeugt, dass sie nicht verloren ist. Jede und jeder Einzelne in Griechenland hat die Chance verdient, dass sich etwas zum Guten verändert. Die Krise hat das Land über viele Jahre in schwere Probleme gestürzt, aber es gibt einen leichten Schimmer der Hoffnung am Horizont. Allen, die mithelfen, die Krise zu bewältigen, gilt mein großer Respekt!

Einige gute Beispiele habe ich in dem Buch angesprochen. Alle hier porträtierten Personen leisten Großartiges. Beispielhaft hervorheben möchte ich meinen guten Freund Spyros. Du hast wirklich einen Oscar verdient. Eines Tages wirst du ihn in den Händen halten. Auch Nikoletta hätte ihn verdient, für ihre faszinierende Reportage. Einen großen Dank auch dir Pétros, für unvergessliche Stunden in Athen. Und ganz besonders danken möchte ich dir, liebe Elissavet Patríkiou. Mein Buch, dein Buch, unser Buch. Unser Griechenland, unser Athen, unsere Leidenschaft fürs Filótimo. Wir haben die gleiche tiefe Seelenverwandtschaft zu den wunderbaren Griechinnen und Griechen. Danke für deine herausragende Hilfe! Und ich freue mich schon wahnsinnig auf das Erscheinen deines Athen-Buches. Besser kann man ein Lebensgefühl in Bildern nicht festhalten. Auch du bist eben 100 Prozent »Made in Greece«!

Aloe Vera mit Orangensaft
Αλόη με χυμό πορτοκάλι

Zutaten:
 10 Orangen, 1 EL Aloe Vera-Saft

Zubereitung:
 Orangen frisch auspressen und Orangensaft mit Aloe Vera-Saft sehr gut umrühren. Und schon können Sie diesen gesunden »Heilsaft« genießen!

Tipp:
 Einen frischen Trieb einer Aloe Vera-Pflanze leicht anschneiden und auf den Rand des Glases stecken. Sieht erfrischender aus.

»The Greek Healer« – Cocktail
Κοκτείλ »Greek Healer«

Nach so viel Gesundem gönnen wir uns zum Abschluss dieses Buches noch etwas für die Seele. Nämlich einen Cocktail, den der Grieche und Barchef des Berliner Sternerestaurants »Golvet«, Andréas Andricopou-los, kreiert hat.

Zutaten:
 4 cl Cachaca-Bergtee-Infusion, 1 Limette, 1 cl Mastix-Likör, 1 TL Zitro-nengraszucker, griechischer Bergtee

Zubereitung:
 Für die Cachaca-Bergtee-Infusion: 1 l Cachaca in einem großen Schraub-glas, zusammen mit einem kleinen Bund griechischen Bergtee, ansetzen und es 48 Stunden ziehen lassen. Anschließend die Cachaca-Bergtee-Infusion zurück in eine Flasche filtern.

 Für den Cocktail die Cachaca-Bergtee-Infusion mit dem Mastix-Likör und dem Zucker mischen, die Limette geviertelt ins Glas geben und eine getrocknete Bergteeblüte auf eine der Limettenscheiben setzen. Mit einem Feuerzeug die Blüte anzünden, sodass sie leicht glimmt. Der leicht rauchige Geruch passt gut zur heilenden Wirkung des »Greek Healers«! Ein zauberhafter Sommer-Cocktail.

REZEPTREGISTER

Seite
- 178 Aloe Vera Orangensaft
- 23 Antoinettes Traum
- 62 Athener Pfeifkonzert
- 14 Gefüllte Kalamari »Fet'a-la Greque«
- 142 Gefüllte Tomaten nach Konstantinopeler Art »Politika«
- 47 Greece meets german Herbst
- 118 Hackfleischröllchen mit Reis
- 33 Ioannis' Pfingstsalat
- 54 Linsen-Lammgyros-Suppe
- 84 Marinierte »Silbersardellen«
- 99 Salat mit Meerfenchel – »Saláta Armiriki«
- 133 Spaghetti Carbonara »Greek Style«
- 107 Souvlákia mit scharfem Reisnudelsalat
- 168 Taramakroketten
- 179 »The Greek Healer« – Cocktail
- 69 Trachanás

Die Rezepte in diesem Buch wurden vom Autor zusammengestellt und teilweise selbst kreiert.

Angaben für 4 Personen, wenn nichts anderes genannt wird.

Hier geht's online weiter!

ENDNOTEN

1 Vgl. das Kapitel »Von der Skipiste zum Pilzesammeln« in »Das Kaffeeorakel von Hellas«.
2 Mehr über ihn in »Heimathafen Hellas«.
3 Der Text erschien in leicht abgewandelter Form erstmals im Neafoni-Magazin. Im Internet abrufbar unter: https://photopedia.info/?page=Tourismus&article=886%7Ctolo-seezunge-der-peloponnes (zuletzt abgerufen am 29.08.2018).
4 Werner, Florian: Schnecken, 1. Aufl., Matthes & Seitz, Berlin, 2015, S. 49.
5 Ebd., S. 9.
6 Ebd., S. 17.
7 Ebd., S. 44-46.
8 Ebd., S. 60.
9 http://www.adrianachristodoulia.com (zuletzt abgerufen am 29.08.2018).
10https://www.welt.de/icon/schmuck/article165765876/Griechenlands-neues-kreatives-Selbstbewusstsein.html (zuletzt abgerufen am 29.08.2018).
11 http://www.wissen-im netz.info/mineral/lex/abc/l/labrador.htm (zuletzt abgerufen am 04.01.2018).
12 https://de.wikipedia.org/wiki/Labradorit (zuletzt abgerufen am 29.08.2018).
13 http://www.karrer-edelsteine.de/Lexikon/Labradorit.htm (zuletzt abgerufen am 29.08.2018).
14 http://www.naturheilmagazin.de/natuerlich-heilen/naturheilkundliche-methoden/steinheilkunde.html (zuletzt abgerufen am 29.08.2018).
15 http://www.pharaonen.info/arzn.htm#tama (zuletzt abgerufen am 29.08.2018).
16 https://www.facebook.com/ContrUstDesignersCollective/ (ContrUstDesignersCollective ist die neue Bezeichnung

der als CO12designerscollective gestarteten Künstlergruppierung) (zuletzt abgerufen am 29.08.2018).

17 http://www.stene-film.com/folio/wie-bojen-im-meer/?lang=de (zuletzt abgerufen am 29.08.2018).

18 https://de.wikipedia.org/wiki/Bohnenkr%C3%A4uter (zuletzt abgerufen am 29.08.2018).

19 http://www.rareplants.es/shop/product.asp?P_ID=9630&numLanguageID =2 (zuletzt abgerufen am 29.08.2018).

20 http://quickbooker.org/kunden/wildherbsofcrete_com/pages/portraits-of-our-essential-oils-from-wild-herbs-of-crete/satureja-thymbra.php (zuletzt abgerufen am 29.08.2018).

21 https://daphnisandchloe.com (zuletzt abgerufen am 29.08.2018).

22 Ethnarchi Makariou Straße Ecke Chrysostomou Smirnis Straße, Kaisariani, Athen.

23 Vgl. Kapitel »Wie Bojen im Meer«.

24 https://vimeo.com/72415499 (zuletzt abgerufen am 29.08.2018).

25 Ammer und Leontidou (Hrsg.): Griechenland der Frauen, 1. Aufl., Verlag Frauenoffensive, München 1989, S. 120-121.

26 Ebd., S. 118.

27 Ebd., S. 120.

28 Ebd., S. 122-124.

29 Ebd., S. 126-127.

30 Ebd., S. 128.

31 Ebd., S. 131.

32 Griechenland Zeitung, Ausgabe Nr. 602 vom 08.11.2017, S. 6.

33 www.epidavrosaloe.com (zuletzt abgerufen am 29.08.2018).

Andreas Deffner
wurde 1974 in Gladbeck, im Ruhrgebiet, geboren. Er hat lange Zeit im Rheinland gelebt und wohnt heute mit seiner Frau und seinen drei Söhnen in Potsdam.
Seine »zweite Heimat« aber ist Griechenland. Seit er nach dem Abitur im Jahr 1993 das erste Mal nach Hellas gefahren ist, war er von Land, Leuten und Kultur begeistert. Und so fährt er, wann immer die Zeit es zulässt, »nach Hause«, nach Toló.
In dem kleinen Fischerdorf auf der Halbinsel Peloponnes fühlt er sich ebenso heimisch wie in Potsdam, Gladbeck oder Berlin.
Und Oma Vangelió hat immer gesagt:
»Junge, du bist in Toló groß geworden!«